Parc national de forêts

Cofondateurs : Philippe GLOAGUEN et Michel DUVAL

Directeur de collection et auteur
Philippe GLOAGUEN

Secrétaire général
Gavin's CLEMENTE-RUÏZ

Rédacteurs en chef
Amanda KERAVEL
et Benoît LUCCHINI

Directrice administrative
Bénédicte GLOAGUEN

Direction éditoriale
Élise ERNEST

Rédaction
Véronique de CHARDON
Patrice BOUILLOT
Stéphane William GONDOIN
Matthieu DELCAMP

Conseiller à la rédaction
Pierre JOSSE

Responsable voyages
Carole BORDES

hachette

TABLE DES MATIÈRES

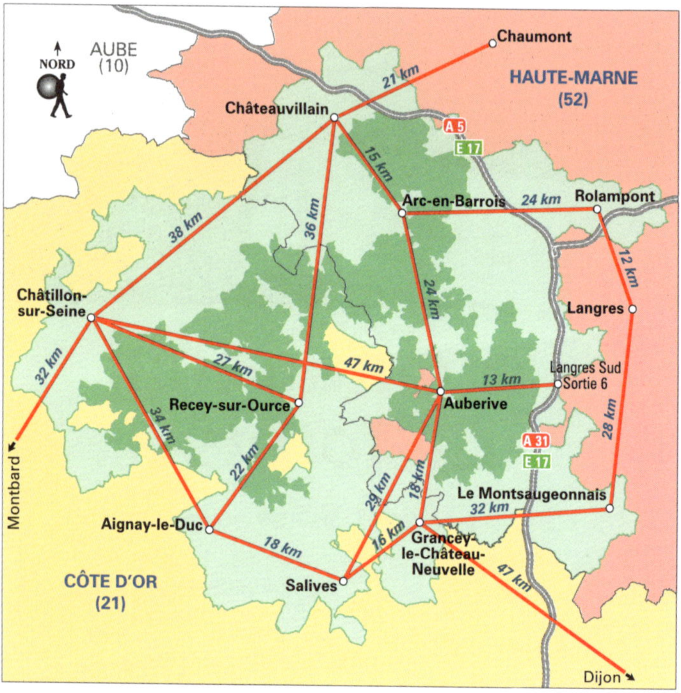

PRÉAMBULE

COMMENT Y ALLER ?

PARC NATIONAL DE FORÊTS UTILE ?

☎ **112 :** c'est le numéro d'urgence commun à la France et à tous les pays de l'UE, à composer en cas d'accident, agression ou détresse. Il permet de se faire localiser et aider en français, tout en améliorant les délais d'intervention des services de secours.

CHÂTEAU DE MONTIGNY-SUR-AUBE

Haut lieu de l'Art de l'Espalier où Culture et Patrimoine s'allient à Horticulture, Maraîchage et Gastronomie avec sa ferme-auberge « A la Table des Jardiniers ». Classé MH & Jardin Remarquable de France.

Montigny-sur-Aube (21520)
info@chateaudemontigny.com
+33 (0)6 08 90 75 10
www.chateaudemontigny.com

LES Z'UNS POSSIBLE

Cabinet de curiosités - Musée d'Art singulier, galerie d'art et café associatif, terrasse en bord de Seine. Un lieu rare, un univers fantastique d'artistes hors les normes, dans un cadre idyllique.

Chamesson (21400)
fabien.ansault@gmail.com
+33 (0)6 23 16 24 34
www.leszunspossible.com

MAISON DE LA FORÊT

Lieu unique d'éveil à l'environnement forestier, venez y découvrir son centre d'interprétation sur le bois et la truffe, ses animations guidées selon la saison, sa grimpe d'arbres, ses parcours GPS.

Leuglay (21290)
leuglay@maison-foret.com
+33 (0)3 80 81 86 11
www.maison-foret.com

ÉCHAPPÉE NATURE

Pour explorer le Parc national et savourer d'originales balades thématiques à vélo électrique. Parcours insolites, rythmés de rencontres humaines, de visites et de dégustations. Accompagné ou en solo.

Saint-Julien (21490)
contact@echappee-nature.fr
+33 (0)7 86 24 94 17
www.echappee-nature.fr

Esprit forêts PARC NATIONAL Retrouvez nous sur www.espritparcnational.com

MOULIN DE LA FLEURISTERIE

Métier d'Art unique en France, la roue à aubes entraine toujours les machines du 19ième siècle pour fournir les créateurs de Haute Couture. Venez visiter les ateliers de fabrication de fleurs de mode.

Orges (52120)
bienvenue@moulindelafleuristerie.fr
+33 (0)7 82 21 21 23
www.moulindelafleuristerie.fr

RUCHER DU BARROIS

Au coeur des prairies et des forêts, les ruches témoignent de la richesse de la nature. Chaque pot de miel renferme la magie des fleurs de ce paradis sauvage.

Arc-en-Barrois (52210)
huvig.sebastien@orange.fr
+33 (0)6 48 15 80 18
www.lerucherdubarrois.fr

ATELIER DE LA FAINE

Tournage sur bois - Fabrication artisanale d'objets en bois - Stages d'initiations toute l'année

Veuxhaulles sur Aube (21520)
atelierdelafaine@gmail.com
+33 (0)6 72 42 02 20
www.atelierdelafaine.fr

LE CHÊNE BOURGUIGNON

Un atelier de menuiserie atypique qui vous propose des agencements uniques dans votre habitat, de l'arbre récolté en forêt jusqu'à l'escalier ou la porte de votre entrée. Visite possible sur demande.

Vanvey (21400)
lechenebourguignon@gmail.com
+33 (0)6 30 63 80 41
www.le-chene-bourguignon.com

Esprit PARC NATIONAL forêts — Retrouvez nous sur www.espritparcnational.com

LA RÉDACTION DU ROUTARD

(sans oublier nos 50 enquêteurs, aussi sur le terrain)

© R. Delalande et E. Dessons

La saga du *Routard* : en 1971, 2 étudiants, Philippe et Michel, avaient une furieuse envie de découvrir le monde. De retour du Népal germe l'idée d'un guide différent qui regrouperait tuyaux malins et itinéraires sympas, destiné aux jeunes fauchés en quête de liberté. 1973. Après 19 refus d'éditeurs et la faillite de leur 1re maison d'édition, l'aventure commence vraiment avec Hachette. Aujourd'hui, le *Routard*, c'est plus d'une cinquantaine d'enquêteurs impliqués et sincères. Ils parcourent le monde toute l'année dans l'anonymat et s'acharnent à restituer leurs coups de cœur en toute indépendance.

Merci à tous les Routards qui sont solidaires de nos convictions : liberté et indépendance d'esprit ; découverte et partage ; sincérité, tolérance et respect des autres.

NOS SPÉCIALISTES

Véronique de Chardon : de son passé d'historienne, elle a gardé un goût certain pour les musées, qu'elle collectionne au gré de ses voyages sans oublier de déguster les spécialités locales. Elle aime partager ses coups de cœur avec humeur et humour, et découvrir les terroirs français, toujours gourmande de nouveaux paysages.

Patrice Bouillot : journaliste à Dijon pendant 15 ans, notamment rédacteur en chef d'un hebdo économique régional, il connaît très bien le territoire. Son activité l'amène à rencontrer régulièrement les acteurs de la région. Amoureux de voyage et de nature, randonneur et trailer, il a adoré (re)découvrir les forêts du Parc national dans le cadre de sa contribution à ce guide.

Matthieu Delcamp : docteur en écologie, il a parcouru de nombreuses forêts dans le monde avant de répondre à l'appel de la création du Parc national de forêts. Depuis il parcourt ce terrain, où en tant que responsable de la conservation des patrimoines, il a bénéficié du savoir des habitants de ce territoire aux richesses insoupçonnées.

Stéphane William Gondoin : passionné d'histoire et d'architecture médiévales, également fasciné par la nature, il use désormais paires de chaussures et appareils photo en partant à la découverte du patrimoine français sous toutes ses formes !

UN GRAND MERCI À NOS AMI(E)S SUR PLACE

Pour cette nouvelle édition, nous remercions particulièrement :

– **Philippe Puydarrieux,** directeur du Parc national de forêts ;

– **Anaïs Sibille** (chargée de mission tourisme durable), **Mégane Rubat** (chargée de mission communication), **Sébastien Murcia** (responsable du pôle communication et pédagogie) pour leur implication, leur disponibilité et leurs relectures attentives ;

– **Véronique Genevey** (directrice adjointe), **Baptiste Quost** (chargé de mission patrimoine culturel), **Jonathan Lenglet** (responsable du pôle économie, transition écologique) ;

– et **tous les agents du Parc national de forêts** ayant contribué à l'élaboration de ce guide ;

– **les partenaires et offices de tourismes** pour leur accueil, ainsi que **Marie Salomon** de l'office du Châtillonnais, **Angélique Coquart, Emmanuel Mosini** et **Sophie Vallat** de l'Agence d'attractivité 52 pour leurs recommandations ;

– **l'office de tourisme de Langres et le musée du Pays châtillonnais – Trésor de Vix** pour la rubrique Livres de route ;

– **Cathy Viot** (directrice de la société Cœur de Prod), pour son œil sensible et attentif ;

– **tous les habitants du Parc national** que nous avons rencontrés, et qui ont eu à cœur de nous faire partager leurs connaissances et leur attachement au Parc ;

– **Michèle Eudes,** toujours fidèle au poste pour partir sur les routes à la découverte de la France.

L'ÉDITEUR HACHETTE LIVRE

Direction : Sidonie Chollet

Direction éditoriale : Élise Ernest

Édition : Audrey Vedovotto et Olga Krokhina

Cartographie : Frédéric Clémençon et Aurélie Huot

Fabrication : Liza Sacco et Aude Cauchet

Relations presse : Rachida Mazef • rmazef@hachette-livre.fr •

Responsable partenariats : Florence Brunel-Jars • fbrunel@hachette-livre.fr •

Silhouette du Routard : Clément Gloaguen (d'après Solé) ; **couverture :** Atelier Choque Le Goff ; **maquette intérieure :** le-bureau-des-affaires-graphiques.com, Thibault Reumaux et npeg.fr

Pictogrammes du Routard

Établissements

- Hôtel, auberge, chambre d'hôtes
- Camping
- Restaurant
- Terrasse
- Boulangerie, sandwicherie
- Café, salon de thé
- Café, bar
- Bar musical
- Boutique, magasin, marché

Infos pratiques

- Office de tourisme
- Adapté aux personnes handicapées

Sites

- Présente un intérêt touristique
- Point de vue
- Recommandé pour les enfants
- Inscrit au Patrimoine mondial de l'Unesco

Transports

- Aéroport
- Gare ferroviaire
- Gare routière, arrêt de bus
- Parking
- Bateau fluvial
- Piste cyclable, parcours à vélo
- Établissements affiliés à la marque « Esprit parc national »

Conservatoire d'espaces naturels Bourgogne

Conservatoire d'espaces naturels Champagne-Ardenne

OBJECTIF NATURE !

WWW.CEN-BOURGOGNE.FR
WWW.CEN-CHAMPAGNE-ARDENNE.ORG

Éboulis au Cirque de la Coquille
© CEN Bourgogne - G. Aubert

ENTRE CHAMPAGNE ET BOURGOGNE, LES SITES EXCEPTIONNELS SONT LÉGION. FORÊTS, VALLONS, MARAIS SOULIGNENT AU FIL DES SAISONS LES 1001 RICHESSES DE LA FAUNE ET DE LA FLORE DE CES TERRITOIRES. VÉRITABLES TRÉSORS BIOLOGIQUES OU GÉOLOGIQUES, ILS SE DÉVOILENT AU PROMENEUR CURIEUX ET RESPECTUEUX DE LA BIODIVERSITÉ ALENTOUR. LES CONSERVATOIRES D'ESPACES NATURELS DE BOURGOGNE ET DE CHAMPAGNE-ARDENNE S'ATTELLENT AU QUOTIDIEN À PRÉSERVER CES SITES UNIQUES ET À EN VALORISER LES ATOUTS.

PRÈS DE 500 :

c'est le nombre de sites naturels préservés par les Conservatoires d'espaces naturels qui jalonnent le vaste territoire s'étendant de la Bourgogne à la Champagne-Ardenne. Et c'est autant d'enjeux pour les Conservatoires de ces territoires d'exception.

Depuis le milieu des années 1980, le Conservatoire d'espaces naturels de Bourgogne et celui de Champagne-Ardenne agissent au quotidien pour préserver les milieux naturels remarquables, la faune et la flore, en gérant des sites en partenariat avec les acteurs locaux. Associations loi 1901, leur rôle va bien au-delà de la gestion des espaces ; ils participent à une connaissance approfondie de ces sites sans cesse en mutation, comme des espèces qui les peuplent.

Du déploiement de nouvelles techniques pour maintenir la biodiversité jusqu'aux actions indispensables pour les espèces menacées, sans oublier l'accompagnement des projets de territoire, ces structures multiplient les actions indispensables à la pérennité de ces environnements précieux. Bien entendu, au titre de ces missions : la sensibilisation des publics qui visitent ces espaces, à la recherche d'une nature remarquable. Car c'est un fait, et une chance qu'il faut là aussi préserver : certains sites se visitent !

EXCURSIONS DANS LE PARC NATIONAL DE FORÊTS

S'il est impossible de dresser ici un inventaire exhaustif des expériences inédites que vous réserve ce territoire, les Conservatoires de Bourgogne et de Champagne-Ardenne vous suggèrent deux balades uniques. Embarquez au cœur d'un patrimoine naturel et légendaire exceptionnel !

Animation au Cirque de la Coquille
© CEN Bourgogne - C. Duthu

BALADE N° 1 : LE CIRQUE DE LA COQUILLE

Au cœur du Châtillonnais, en Côte-d'Or, ce cirque entoure la source du même nom, dont la vie a sculpté le vallon au fil des millions d'années. Vous y découvrirez des éboulis rares en Bourgogne, lieux de vie pour une flore non moins inédite, mais aussi des pelouses calcaires abritant diverses espèces d'orchidées. La visite du cirque offre un panorama à couper le souffle sur le Châtillonnais et la nature environnante, et laisse à voir aux visiteurs une constellation de forêts, prairies, vallées, mais aussi de villages authentiques. Par où commencer la balade ? Une piste balisée permet de faire le tour du cirque, au fil duquel des bornes vous permettront de tout savoir sur l'histoire, le patrimoine et la géologie de ce dernier. Immanquable !

COMMENT S'Y RENDRE ?

À Étalante, suivre le fléchage Source de la Coquille sur la D101

Cirque de la Coquille
© CEN Bourgogne - G. Aubert

BALADE N° 2 : COMME UN AIR DE MONTAGNE AU MARAIS DE CHALMESSIN

Au sud de la Champagne, tout près de la Bourgogne, se cache l'un des plus remarquables marais tufeux du plateau de Langres. Ne vous méprenez pas sur ce qui s'apparente à un vallon forestier : ce marais tufeux est un site historique, âgé de 7000 à 8000 ans ! Et c'est précisément parce qu'il n'a pas pris une ride que sa visite est exceptionnelle : alimenté par de nombreuses sources, il possède une faune et une flore d'origine montagnarde, liées en particulier au climat froid de cet étroit vallon. Comment le parcourir ? Suivez l'un des deux sentiers dédiés, sur 2 ou 3 kilomètres, et faufilez-vous dans la combe Forquot jusqu'au marais de Chalmessin, à la recherche du Hêtre aux allures magiques qui veille sur ces trésors depuis si longtemps. Classé Réserve naturelle nationale en 1993 pour sa richesse écologique, le marais de Chalmessin est devenu aujourd'hui un des sites phare du Cœur du Parc national de forêts.

COMMENT S'Y RENDRE ?

Haute-Marne, Chalmessin (commune de Vals-des-Tilles), D289A.

Marais de Chalmessin
© Pascal Bourguignon

EN CHIFFRES !

Conservatoire d'espaces naturels Champagne-Ardenne

280 SITES NATURELS GÉRÉS soit plus de 5 000 hectares préservés

DONT 11 RÉSERVES NATURELLES

Dans le territoire du Parc national de forêts : 30 sites gérés soit **449 HA DONT 270 HA** dans la Zone Cœur

Conservatoire d'espaces naturels Bourgogne

196 SITES NATURELS GÉRÉS soit 6 253 hectares préservés

DONT 4 RÉSERVES NATURELLES

Dans le territoire du Parc national de forêts : **15 SITES GÉRÉS** dont 11 dans la Zone Cœur

Giey-sur-Aujon

Le Parc national de forêts est un territoire d'exception. Il peut sembler ordinaire au premier regard, mais quand on s'y arrête, on découvre un territoire extraordinaire. Extraordinaire par ***sa forêt :*** ici les forêts sont anciennes. Elles étaient déjà présentes au milieu du XIXe siècle. Elles ont donc façonné leurs sols et hébergent aujourd'hui une biodiversité d'une grande richesse. Ces forêts sont également très diverses en essences forestières.
Ce territoire est aussi extraordinaire par ses rivières. ***L'eau est omniprésente*** sous forme de petites rivières ou de marais tufeux. Le Parc national de forêts en présente la plus grande concentration en France. Ecosystèmes fragiles, ils forment parfois des successions de vasques en dentelles de calcaire entourées de mousses.
Ces forêts et ces rivières constituent l'habitat naturel ***d'une faune et d'une flore fascinantes.*** Au détour d'un chemin, il n'est pas rare de se trouver face à face avec un chevreuil ou un renard ! Vous aurez peut-être la chance d'apercevoir une cigogne noire en vol ou encore au bord d'un ruisseau. Au mois de mai, il est possible de voir des orchidées en fleurs dont le magnifique sabot de Vénus.
Bien entendu, toutes ces merveilles sont protégées. Des visites guidées organisées par le Parc national de forêts et ses partenaires vous permettront de les découvrir tout en les respectant.
Le Parc national de forêts est aussi extraordinaire par son ***patrimoine archéologique et culturel.*** La visite du musée du Pays châtillonnais vous permettra de découvrir le trésor de Vix. Les abbayes cisterciennes dont la majestueuse abbaye d'Auberive sont incontournables et racontent une grande partie de l'histoire de France.
Enfin, ***terre de gastronomie,*** entre Champagne et Bourgogne, le Parc national de forêts propose nombre de tables gourmandes. Vous dégusterez du Muid Montsaugeonnais, du crémant de Bourgogne, du fromage de Langres sans oublier la truffe de Bourgogne. Terre de bien vivre, associant simplicité et générosité, la destination Parc national de forêts ne manquera pas de vous surprendre.
Préparez votre voyage avec ce guide du Routard et laissez-vous séduire par ce territoire riche de nombreux trésors.
Bonne visite au Parc national de forêts !

Philippe Puydarrieux
Directeur du Parc national de forêts

NOS COUPS DE CŒUR

1 **Suivre la belle balade de Châteauvillain, un parcours d'art contemporain à ciel ouvert dans la forêt. Une balade poétique où l'art et la nature dialoguent pour notre plus grand plaisir.** *p. 56*

© Mégane Rubat

2 **Prendre le temps de flâner dans les ruelles des charmants villages de caractère du Parc national de forêts. Arc-en-Barrois, Grancey-le-Château, Châteauvillain, Rochefort mais aussi Salives et Montsaugeon. Construits en belles pierres blanches de Bourgogne, ils méritent tous le détour.** *p. 59, 106, 52, 89, 110, 113*

©SOBERKA Richard / hemis.fr

3 **Découvrir le patrimoine industriel unique et préservé du moulin de la Fleuristerie à Orges, fruit d'un savoir-faire de plus de 120 ans.** *p. 58*

© HUGHES Hervé / hemis.fr

4 **Explorer les mystères des marais tufeux, milieux rares et emblématiques du Parc national de forêts ; marais des Brosses, tuffière de Rolampont, marais de Chalmessin, tuffière d'Amorey. À vous de choisir.** *p. 95, 66, 109, 105*

© PAWLICA Design

5 **Arpenter les jardins remarquables et les vergers-potagers du XIXe du château de Montigny-sur-Aube. Un régal pour les yeux et pour les gourmands.** *p. 81*

6 **Remonter le temps à la découverte des vestiges celtes et gallo-romains en suivant une visite guidée au musée du Pays châtillonnais – Trésor de Vix à Châtillon pour admirer le trésor de la princesse de Vix mais aussi s'instruire sur l'histoire du territoire.** *p. 75*

7 **Se laisser surprendre par la collection hétéroclite du cabinet de curiosités de Chamesson, joli village, baigné par la Seine. Un lieu magique et très original créé par un passionné.** *p. 78*

8 **Se rendre à la Maison du Parc national de forêts - Maison de la Forêt à Leuglay pour visiter son centre d'interprétation sur le thème de la forêt et du bois et la salle dédiée à la truffe de Bourgogne.** *p. 93*

9 **Ouvrir grand ses yeux et ses oreilles à la découverte de la biodiversité du Parc national lors d'une sortie avec un animateur nature de la Maison du Parc national à Leuglay (voir programme sur le site).** *p. 93*

(10) **Visiter la superbe abbaye d'Auberive et son histoire. Construite par les moines cisterciens, elle est devenue aujourd'hui un centre d'art contemporain, entourée de beaux jardins.** *p. 103*

(11) **Se ressourcer au fil de l'eau en suivant une des nombreuses rivières et cours d'eau du Parc national. Au choix : la source de la Douix, les sources de l'Aube, les gorges de la Vingeanne et le long de l'Aujon.**
p. 76, 105, 116

La Communauté de Communes du Pays Châtillonnais

Vous donne rendez-vous au Mont Lassois, à Vix,
Pour un voyage ludique dans le passé !

La découverte d'un trésor, une mystérieuse princesse et une civilisation méconnue réunies pour vous plonger 2 500 ans en arrière et **vivre une expérience immersive**.

Téléchargez l'application gratuite ***Princesse de Vix***

Sentier d'interprétation avec pupitres explicatifs et application mobile
Vues avant/après, jeux de géocaching, vidéos d'experts

Si vous souhaitez devenir incollable sur Vix,
complétez votre sortie par une visite au musée du Pays Châtillonnais-Trésor de Vix !
14 rue de la Libération, 21400 Châtillon-sur-Seine / 03 80 91 24 67

12 **Arpenter les sentiers du Parc national avec des ânes pour compagnons à l'occasion de la Diagonale verte du Parc national de forêts (voir Chemins de Traverse** *p. 101* **ou Donkey'ânes** *p. 87***).**

© Céline Lecomte

13 **Goûter avec délice les produits de qualité du territoire comme la truffe de Bourgogne ou le fromage de Langres. À arroser (avec modération) avec du crémant de Bourgogne.**

© Westend 61 / hemis.fr

14 **Rendre visite au Général de Gaulle à Colombey-les-Deux-Églises ou à Diderot à Langres, au choix selon ses affinités, et en fonction de son itinéraire dans le Parc national de forêts.** *p. 69, 120*

Langres & son Pays

Pays d'Art et d'Histoire

ITINÉRAIRES CONSEILLÉS

En un week-end

Vous ne pourrez pas aller partout, c'est évident. On vous conseille tout simplement de choisir d'**explorer l'un des 3 massifs forestiers du Parc national**. Ce guide est là pour vous donner des pistes. Prenez votre temps, passez en mode « slow tourisme ». Pourquoi pas en alternant **déplacements à vélo** et **randonnées pédestres** ? Les routes ne sont pas très fréquentées, il n'y a pas de passages trop ardus et vous serez ainsi au diapason de la nature et des petits villages de pierres blanches de Bourgogne qui sont autant d'étapes charmantes où se poser pour reprendre des forces.

En une semaine

Cela change la donne ! Vous allez pouvoir avoir une vision d'ensemble du Parc national et explorer les forêts en prenant tout votre temps. Vous aurez la possibilité aussi de faire quelques incursions aux limites du territoire selon vos centres d'intérêt entre **Langres** et ses remparts ou **Colombey-les-Deux-Églises** et le mémorial Charles-de-Gaulle ou bien encore, en Côte-d'Or, la superbe **abbaye de Fontenay.** Cela vous laisse aussi le temps de vous arrêter chez les **artisans** du territoire labélisés *Esprit parc national - forêts* pour discuter avec eux et de remplir votre panier de bons **produits régionaux** comme la truffe de Bourgogne, le crémant de Bourgogne mais aussi le miel. Et, si c'est la saison, prenez le temps d'aller à la **découverte des champignons** ou au début de l'automne de faire une sortie pour **écouter le brame du cerf**. Au printemps, le Parc national accueille quelques couples de cigognes noires venues faire leur nid en attendant de repartir en Afrique au début de l'automne.

SI VOUS ÊTES...

Nature : vous êtes venus pour cela, pour profiter de la nature et prendre un grand bol d'air dans un environnement privilégié. On vous conseille vivement de vous rendre en premier lieu à la **Maison du Parc national - Maison de la Forêt à Leuglay** afin de vous informer sur le Parc national grâce à une exposition très intéressante. Profitez-en pour réserver une ou des **sorties découvertes** pour mieux l'apprécier dans sa richesse et sa diversité. Des **animateurs nature** en proposent de jour comme de nuit pour apercevoir la faune du Parc national, cerfs ou sangliers. Le Parc national est à découvrir quelle que soit la saison. Au printemps, quand les champs de blé en herbe parsemés de coquelicots et le feuillage vert tendre des arbres forment un tableau digne des Impressionnistes, en été quand vient le temps des moissons et que la chaleur fait apprécier l'ombre des grands chênes, mais aussi à l'automne quand la forêt resplendit de ses couleurs mordorées ; et pourquoi pas en hiver quand la neige recouvre les paysages de son manteau blanc et que la nature hiberne. Venir dans le Parc national de forêts c'est aussi découvrir

Découvrez la truffe de Bourgogne en haute Côte-d'Or !

- À la Fête de la Truffe et des Papilles, à Is-sur-Tille
- À la Fête de la truffe impériale, à Châtillon-sur-Seine
- À la truffière pédagogique d'Is-sur-Tille
- Au centre d'interprétation de la truffe de Bourgogne à la Maison du Parc National de Forêts de Leuglay

En savoir plus

COVATI
Communauté de communes des vallées de la Tille et de l'Ignon

Office de tourisme des vallées de la Tille et de l'Ignon

L'Office de Tourisme des Vallées de la Tille et de l'Ignon organise des activités de découverte et de promotion de la truffe de Bourgogne sur son territoire. Il organise la Fête de la Truffe et des Papilles à Is-sur-Tille !

Truffes de Bourgogne
ASSOCIATION TRUFFES 21-71

En savoir plus

L'association Truffes 21-71 participe au développement de la truffe et de la trufficulture, forme les trufficulteurs, protège et fait respecter les droits et devoirs des récoltants, et réalise des études sur la culture et la récolte des truffes. Elle organise les marchés aux truffes fraîches labellisés par la Fédération Française des trufficulteurs.

l'écosystème particulier des **marais tufeux,** on en trouve plus de 200 dans le Parc national, dont le plus spectaculaire est la tuffière de Rolampont.

En famille : pour découvrir le Parc national avec des enfants, rien de tel que de participer à une **sortie-découverte** ou à une des **animations** proposées par la **Maison du Parc national** (programme sur • *forets-parcnational.fr* •). On pourra aussi les emmener, en choisissant un parcours adapté à leur âge et à leurs petites jambes, faire une **balade en forêt**. Les PR (Petites Randonnées) sont les plus adaptées car ce sont des itinéraires de promenade et de randonnée en linéaire ou en boucle, d'une durée égale ou inférieure à la journée. Vous pouvez aussi, histoire de les motiver, choisir de faire une balade accompagnée d'un âne. Le bourricot portera les sacs, voire les enfants, en cas de fatigue. Succès assuré ! Pour essayer d'apercevoir des animaux, rendez-vous au Parc aux daims à **Châteauvillain**. Attention à ne pas faire de bruit ! On pourra aussi participer à un atelier création des Sabots de Vénus à **Bay-sur-Aube** ou faire une balade elfique à la tombée de la nuit. Un moment plein de poésie pour entrevoir la forêt sous un autre jour. Dans un esprit poétique et décalé, voir aussi à **Chamesson**, le cabinet de curiosités des Z'Uns Possible qui vous emportera dans un monde onirique surprenant.

Patrimoine : vous y trouverez quelques sites très intéressants à ne pas manquer comme le **mausolée gallo-romain** de **Faverolles** ; le **musée du Pays châtillonnais** à **Châtillon-sur-Seine** pour découvrir, entre autres, le spectaculaire vase de Vix, mais aussi l'histoire du territoire ; l'**abbaye d'Auberive** tant pour son passé et ses bâtiments que pour son **centre d'art contemporain** ; le **château de Montigny-sur-Aube**, sa chapelle Renaissance et ses formidables vergers-potagers conservatoires, ou encore l'**abbaye du Val des Choues** cernée par la forêt. Autant d'incontournables pour se familiariser avec l'histoire du territoire. On peut pousser un peu plus au nord à **Colombey-les-Deux-Églises** pour un rendez-vous avec l'histoire contemporaine au Mémorial Charles-de-Gaulle. On trouve aussi dans le Parc national des témoignages de la présence des **Templiers** (dont les richesses et les possessions furent ensuite transférées à l'ordre des Hospitaliers) comme témoignent de nombreux patronymes de village mais aussi les **commanderies** encore debout telle celle d'**Épailly** récemment restaurée.

Mais surtout, le Parc national est riche de ce que l'on a coutume d'appeler le « **petit patrimoine** ». Petit par leur taille mais important par leur fonction dans la vie quotidienne des campagnes. Ici, ce sont tout particulièrement **les lavoirs** qui caractérisent le paysage rural. Tous différents, chaque village en possède un, voire plusieurs, couverts ou non, plus ou moins importants ou décorés (voir recensement sur le site : • *lavoirs.org* •). Ils rappellent, non seulement que l'eau est un élément important dans le Parc national mais aussi l'époque où la lessive était non seulement une tâche ménagère et un temps de sociabilité tout particulièrement pour les femmes qui s'y retrouvaient pour échanger. Signalons aussi dans un autre domaine, le **moulin de la Fleuristerie à Orges**, labélisé Entreprise du Patrimoine Vivant, qui fabrique depuis 120 ans des accessoires de fleurs pour la haute-couture avec des machines actionnées par la roue à aubes du moulin. Un savoir-faire unique et original qui fait la fierté du Parc national.

Parc national de forêts
Fig. I Cervus elaphus*
Fig. II Feminae moribus**
SITE DE RENCONTRES
www.forets-parcnational.fr
Vue de cerf : ©Tanguy Cressot
* Cerf élaphe ** Femme baroudeuse

COMMENT Y ALLER ?

EN TRAIN

– Gare TGV de Dijon puis bus Mobigo pour Grancey-le-Château, Recey-sur-Ource et Châtillon-sur-Seine.
– Gare TGV de Montbard puis bus Mobigo pour Châtillon-sur-Seine.
– Gare de Langres (TER).
– Gare de Chaumont (TER) puis bus.
– Gare d'Is-sur-Tille (TER) puis bus.

Infos et résa sur • sncf-connect.com •

EN VOITURE

➢ Depuis Paris, pour rejoindre Châtillon, compter 250 km en passant par l'A 5 direction Troyes (sortie 23 Semoutiers ou sortie 24 Ville-sous-la-Ferté pour Arc-en-Barrois). L'A 31 (axe Lyon, Dijon, Nancy) passe à l'est du Parc national, sortie 7 au nord de Langres ou sortie 6 au sud ou encore plus au sud sortie 5 Is-sur-Tille.

➢ Depuis Dijon, on prendra la D 971.

EN BUS

En Côte-d'Or : plusieurs lignes régulières desservent le Parc national :
– LR 124 : Dijon - Châtillon-sur-Seine ;
– LR 125 : Marcilly – Châtillon-sur-Seine ;
– LR 126 : Montbard – Châtillon-sur-Seine ;
– LR 127 : Châtillon-sur-Seine – Laignes ;
– LR 128 : Châtillon-sur-Seine – Montigny-sur-Aube – Gevrolles.

Plus d'infos sur les lignes, horaires et tarifs : ☎ 03-80-11-29-29 • viamobigo.fr •

En Haute-Marne : offre de transport partielle à la demande avec 6 lignes au départ de Langres ou de Saint-Geosmes.

☎ 0800-330-130 • Linggo.fr •

Randonnée sur le GR®7 à Auberive

© OLART Fabien / Hemis.fr

PARC NATIONAL DE FORÊTS UTILE

ABC DU PARC NATIONAL

- ❑ ***Création en 2019.***
- ❑ ***Région :*** Grand Est et Bourgogne-Franche-Comté. Seul Parc national au nord de la France.
- ❑ ***Siège :*** siège administratif du Parc national à Arc-en-Barrois. Maisons du Parc national à Leuglay, Châteauvillain et Auberive.
- ❑ ***Le plus récent des 11 parcs nationaux français.***
- ❑ ***Aire d'adhésion :*** 162 000 ha. Entre la Champagne et la Bourgogne, et plus précisément, entre la Côte-d'Or et la Haute-Marne.
- ❑ ***Cœur réglementé :*** 56 614 ha à 95 % forestier.
- ❑ ***Réserve intégrale :*** 3 086 ha en forêt domaniale d'Arc-Châteauvillain.
- ❑ ***Villes principales :*** Châtillon-sur-Seine, Châteauvillain, Rolampont, Prauthoy et Arc-en-Barrois.
- ❑ ***Forêts de feuillus de plaine.***
- ❑ ***110 communes adhérentes.***
- ❑ ***Près de 700 km de rivières.***

HISTOIRE ET OBJECTIFS DU PARC NATIONAL DE FORÊTS

Le projet d'établir un espace dédié à la protection des forêts feuillues de plaine sur le plateau de Langres a été décidé en 2009, dans la foulée du Grenelle de l'environnement de 2007, qui prévoyait la fondation en France de 3 nouveaux parcs nationaux. Après 10 ans d'un travail acharné porté par le Groupement d'intérêt public de préfiguration, symbolisé par la rédaction d'une charte, la création du Parc national de forêts est officialisée par décret en Conseil d'État en novembre 2019.

Questions de territoires

Derrière la rigueur usuelle des termes juridiques se cache un véritable cocon, mis en place pour protéger au mieux l'environnement, mais aussi le patrimoine bâti, technique, archéologique...
Le Parc national est constitué de deux parties principales : ***le Cœur et l'aire d'adhésion***. Dans la première, qui concerne 60 communes ***pour une superficie d'environ 56 000 ha,*** l'activité humaine est très encadrée. Interdiction formelle, par exemple, d'y introduire des espèces végétales ou animales non domestiques, afin de ne pas nuire à la flore et à la faune indigènes. Autre exemple, y effectuer certains travaux sur un bâtiment à caractère patrimonial, surtout si on le considère comme « emblématique » (monastique, pré-industriel, lié à la forêt, etc.), nécessite des autorisations spécifiques. Il existe même dans ce Cœur de Parc national une ***réserve intégrale,*** où l'accès au visiteur est restreint

à quelques chemins forestiers, le reste étant seulement permis aux scientifiques dans le cadre de leurs recherches, pour conserver les écosystèmes et étudier leur évolution sans perturbations anthropiques.
La seconde, ***l'aire d'adhésion*** donc, implique 110 communes, pour 162 000 ha, qui ont librement choisi d'accepter la charte du Parc national. La finalité principale de cette aire consiste à assurer la continuité géographique et écologique avec le Cœur. En décembre 2022, 17 communes sur les 127 situées dans le périmètre optimal du Parc national, tel qu'il a été défini par le décret de 2019, n'avaient pas encore adhéré.

Regarder vers l'avenir

Le Parc national en général, son Cœur plus particulièrement, doit constituer un ***modèle de développement durable,*** véritable laboratoire utile à l'ensemble du pays. La charte fixe pour cela 4 axes principaux de travail : « *améliorer la connaissance des patrimoines, des activités humaines et de leurs interactions ; préserver et restaurer les patrimoines pour les générations futures ; accompagner les filières existantes – notamment la filière bois – et inciter à l'innovation pour une ruralité vivante ; favoriser l'engagement dans un territoire exemplaire et reconnu.* »
Et puis, il y a bien sûr l'obligation de ***relever les défis liés à l'effondrement de la biodiversité et aux bouleversements climatiques*** déjà à l'œuvre, ainsi qu'à ceux qui nous attendent. Les peuplements forestiers font l'objet d'une surveillance constante, avec une inquiétude croissante pour les hêtres, très présents ici, mais fragilisés par les sécheresses et les canicules à répétition. On teste donc la diversification des essences sur les parcelles à régénérer de façon naturelle, récoltant des données précieuses applicables ensuite à l'ensemble de nos forêts de plaine, pour les rendre plus résilientes et résistantes.

Notons aussi que le Parc national est à l'origine de nombreuses initiatives pédagogiques, afin de sensibiliser le grand public aux enjeux de demain.

La marque collective ***Esprit parc national***

La marque ***Esprit parc national*** met en valeur des produits et des services créés par des femmes et des hommes dont l'activité est en adéquation avec **les valeurs de ces espaces naturels protégés d'exception :** préservation des patrimoines naturels et culturels, transmission des connaissances et sensibilisation des publics à la nature.

Elle est attribuée à des prestataires engagés dans la préservation et la mise en valeur des patrimoines et soucieux de proposer des services et produits correspondants aux valeurs éco-responsables et de qualité des parcs nationaux.

Esprit parc national est **une démarche positive et humaine** nourrie par un ancrage local fort autour de 5 valeurs primordiales : partage, engagement, authenticité, vitalité et respect.

Une quarantaine de prestataires est labélisée dans le Parc national de forêts.

Château
de COURBAN & SPA
★★★★

NUXE
spa

Guide MICHELIN

Le charme, tout simplement

Havre de paix entre Champagne et Bourgogne.

Hôtel 4 étoiles avec 25 chambres toutes différentes et un restaurant gastronomique étoilé pour régaler vos papilles. Vous pourrez vous détendre dans notre spa Nuxe de 300 m², une piscine, un bassin de nage et trois jardins d'agrément.
Cette noble demeure a été revisitée par son propriétaire décorateur Pierre Vandendriessche. *Le château de Courban est idéal pour s'offrir une escapade chic à l'esprit campagne.*

7, rue du Lavoir 21520 COURBAN - Tél. +33 (0)3 80 93 78 69
contact@chateaudecourban.com - www.chateaudecourban.com

LA BOUTIQUE DES SAVOIR-FAIRE DU PAYS DE LANGRES

ARTISANAT, EPICERIE, PRODUITS FRAIS, IDEES CADEAUX

COMMENT CIRCULER SUR LE TERRITOIRE ?

En bus

– Bus réguliers avec l'ensemble de la Côte-d'Or : le Châtillonnais, le Val-de-Saône, la Côte, l'Auxois, le Morvan... Dessertes et horaires sur ● *viamobigo.fr* ● qui propose aussi des solutions de covoiturage.
– Dans le Parc national de forêts : ligne LR 125 : Châtillon/Is-sur-Tille passant par Vanvey, Leuglay, Recey-sur-Ource et Grancey-le-Château-Neuvelle.
Également Ligne LR 128 de Châtillon à Gevrolles passant par Brion-sur-Ource, Veuxhaulles-sur-Aube et Montigny-sur-Aube.

À vélo

Peu de pistes cyclables, mais les routes sont bonnes et peu fréquentées. Toutefois il peut y avoir des dénivellations plus ou moins importantes entre la plaine et les plateaux. Vous voilà prévenus !

■ **Échappée nature :** location de vélos sur la journée ou plusieurs jours avec audio-guide. *À partir de 40 €/j.* *Rens et résa :* ☎ 07-86-24-94-17. ● *echappee-nature.fr* ●

FÊTES ET MANIFESTATIONS

Pour les dates et le programme plus précis des fêtes, n'hésitez pas à contacter l'office de tourisme concerné.

Printemps-Été

– ***Tintamars :*** *3 sem en mars, dans le* ***Pays de Langres.*** Des spectacles vivants pour tous qui animent le territoire. Tintamars.com.
– ***Fête du Crémant et Tape-Chaudrons :*** *3e sam de mars, à* ***Châtillon-sur-Seine,*** *esplanade du Cours-l'Abbé. Entrée libre.* La tradition consiste à défiler en chemise longue et en bonnet de nuit en tapant sur des objets (autrefois des chaudrons) pour faire fuir l'hiver. Suit le carnaval et ses chars pour accueillir le printemps.
– ***Salon Arts et Saveurs :*** *au printemps, les années paires le w-e suivant la fête du crémant, à* ***Châtillon-sur-Seine.*** Une quarantaine de stands animés dévoilent leurs créations et leurs productions pour enchanter le palais et les yeux des visiteurs.
– ***Journées Châtillonnaises :*** *1er w-e de juin, à* ***Châtillon-sur-Seine****, esplanade du Cours-l'Abbé. Entrée libre.* Foire expo annuelle des professionnels venus présenter leurs produits et leurs savoir-faire. Au programme, tout au long du week-end : concours de la race de vache Brune, présentation d'animaux de la ferme, village artisanal, animations, restauration, et concerts.
– ***Les Nuits des Forêts :*** *1 sem en juin, sur différents sites du Parc national.* Programmation pédagogique, sensible et créative, en immersion dans la nature. L'occasion de découvrir la forêt sous un autre angle et de vivre une expérience inédite.
– ***Festival Lez'Arts en Campagne :*** *en juil, à* ***Recey-sur-Ource*** *et dans le* ***Châtillonnais.*** Des rendez-vous pour changer d'air dans le Parc national de forêts (balades contées, conférences, cinéma en plein air...).
– ***Le Festival Horizone :*** *1er w-e de juil, à* ***Colmier-le-Bas.***
– ***Festi'Val de Seine :*** *en été, chaque année dans un village différent du* ***Châtillonnais.*** La vallée de la Seine est mise en lumière à travers un festival musical pour les amoureux de culture et de nature.

Parc national de forêts

Chaque année en juin, le Parc national de forêts s’associe au festival Les Nuits des Forêts pour vous faire découvrir ses trésors à travers des expériences intimes et immersives.

Venez vivre une expérience inédite au Parc national de forêts !

– ***Saison Musicale d'Auberive*** : l'association AC2A organise une saison musicale sur tout l'été pour proposer au public de la musique classique, de la musique du monde, des ateliers, du théâtre, etc. Programme : ● *abbaye-auberive.com* ●
– ***Semaine musicale Saint-Vorles :*** *dernière sem d'août, à* **Châtillon-sur-Seine.** Série de concerts classiques dans différents lieux de la ville.
– ***Chien à Plumes*** : *1 w-e début août, à* ***Villegusien-le-Lac.*** Festival de musique avec des artistes d'envergure régionale et nationale.
– ***Théâtre de rue Les Hallebardiers :*** *jeu, ven, sam d'août à* ***Langres.***
– ***Les Nuits Bulleuses*** : *en août, à* ***Massingy.*** Événement autour du crémant de Bourgogne.

Automne-Hiver

– ***Fête de l'automne et marché aux truffes :*** *3e dim de sept à* ***Leuglay****, maison de la forêt. Entrée libre.*
– ***Fête de la Saint-Hubert*** **:** *à* ***Arc-en-Barrois.*** La fête du saint patron des chasseurs, est célébrée autour du château. Elle se termine par une messe et un bal.
– ***Le cirque à Courcelles*** : *en sept, à* ***Saint-Loup-sur-Aujon.*** Une journée circassienne à vivre en famille proposée par la Maison de Courcelles. ● *maisondecourcelles.fr* ●
– ***Les rencontres philosophiques :*** *1re quinzaine d'oct, à* ***Langres.***
– ***Fête de la Truffe impériale :*** *dernier sam d'oct, à* ***Châtillon-sur-Seine.***

LIVRES DE ROUTE

Livres à retrouver dans les offices de tourisme du Châtillonnais ou de Langres et au musée du Pays Châtillonnais - Trésor de Vix à Châtillon-sur-Seine.

– ***Le Parc national de forêts : Monument de Nature***, du photographe chaumontais Éric Girardot et textes de Philippe Puydarrieux, directeur du Parc national (2023).
– ***Esprit forêts – le Parc national de forêts,*** de Franck Fouquet (Tau Éditions, 2019). Le photographe met en valeur le Parc national à travers les 4 saisons.
– ***Flore châtillonnaise et langroise,*** de Patrick Vaucoulon (Zest éditions, 2022). La flore du Parc national de forêts, 780 espèces illustrées.
– ***Au fil du Brévon, une vallée pittoresque du Parc national de forêts,*** par la Société archéologique et historique du Châtillonnais, de Marie-Geneviève Poillotte, François Poillotte, Pierre Potherat.
– ***Haute-Marne gourmande,*** de Catherine Pigeon (Le Pythagore éditions, 2015). Recettes de cuisine illustrées.
– ***Vix, de la tombe au musée,*** revue *Archéologia* (hors-série n° 37).
– ***La tombe de Vix,*** un trésor entre histoire et légendes, de Félicie Fougère (Éditions Fage, 2016). L'ouvrage illustré présente toutes les pièces du trésor, ainsi que sa découverte et les rumeurs auxquelles elle donna lieu.
– ***Plein ciel sur le Pays châtillonnais en Bourgogne,*** photos Franck Lechenet, textes Fabienne Bécot (éditions Cadré, 2006). Un beau livre qui présente tous les villages du Châtillonnais vu du ciel.
– ***Rivière et Forêt, destins liés,*** beau-livre de Laura Bour (Le Pythagore éditions, 2019).
– ***Je vous écris d'Auberive,*** de Louise Michel (Édition Abbaye d'Auberive). En vente à l'abbaye d'Auberive. La célèbre féministe y fut emprisonnée de 1871 à 1873.
Pour en savoir plus sur le Châtillonnais, chaque année, la ***Société archéologique et historique du Châtillonnais*** édite un bulletin d'une centaine de pages

contenant des informations sur la vie de la société ainsi que des documents signés par des historiens, des archéologues et des passionnés d'histoire.

Presse régionale

– ***Le Bien Public :*** l'actualité et toutes les informations régionales en Côte-d'Or. Basé à Dijon.
– ***La Voix de la Haute-Marne :*** hebdomadaire basé à Chaumont.
– ***Le Châtillonnais et l'Auxois :*** hebdomadaire principalement diffusé en Côte-d'Or et basé à Châtillon-sur-Seine.
– ***Le Journal de la Haute-Marne :*** quotidien d'infos générales basé à Chaumont.

SITES INTERNET ET ADRESSES UTILES

• ***forets-parcnational.fr*** • Le site officiel du premier parc national dédié à la protection des forêts feuillues de plaine. Vous y trouverez tous les renseignements sur le Parc national, sa géographie, ses caractéristiques, sa faune, sa flore, son patrimoine, mais surtout un ***agenda de manifestations et d'animations proposées en été par le Parc national et ses équipes.*** Ne pas hésiter à vous y inscrire, c'est sans aucun doute le meilleur moyen de découvrir le Parc national et sa biodiversité. Le Parc national édite une ***carte touristique*** mais aussi un excellent *Guide des 30 randonnées coup de cœur sur le territoire.* Également le ***guide des essences forestières*** pour apprendre à reconnaître les principaux arbres présents dans les forêts du territoire.
• ***espritparcnational.com*** • Site consacré à la marque des parcs nationaux. Vous pourrez y retrouver tous les labélisés du Parc national de forêts.
• ***rando.forets-parcnational.fr*** • Proposition de randonnées dans le Parc national, à pied, à cheval ou en vélo.
– ***Gîtes de France :*** compte tenu du peu d'hôtels sur le territoire du Parc national, n'hésitez pas à consulter le site • *gites-de-france.com/fr/bourgogne/location-de-vacances-cote-dor* •

– ***Agence d'attractivité de la Haute-Marne :*** ☎ *03-25-30-39-08.* ● *bienvenue-hautemarne.fr* ● Pour des infos touristiques sur le département haut-marnais.
● ***Idvizit.com*** ● Propose des parcours et des visites personnalisés en ville ou dans la nature sur certaines destinations de la Haute-Marne et du Pays de Langres. À télécharger gratuitement sur son smartphone. Également des parcours ludiques pour les enfants.
ℹ ***Côte-d'Or Attractivité :*** ☎ *03-80-63-69-49.* ● *cotedorjadore.com* ● Pour toutes les infos touristiques sur la Côte-d'Or.
– ***Appli Balades en Bourgogne :*** près de 200 balades pour partir à la découverte du département à pied, à vélo, en voiture ou en canoë. Appli gratuite mobile « Balades en Bourgogne » sur Apple Store et Google Play, indépendante de la connexion internet.
● ***christaldesaintmarc.com*** ● Un blog qui présente la vie quotidienne dans le Châtillonnais dans toute sa diversité (nature et culture) sur des thèmes aussi divers que les monuments aux morts, les écoles, les associations, les événements petits et grands... Bref une mine d'or vécue par une habitante passionnée.
– ***Petites Cités de Caractère du Grand Est :*** cette marque distingue les communes répondant à une charte de qualité et à des engagements en faveur de la sauvegarde, de la restauration et de l'entretien du patrimoine communal, ainsi que de la mise en valeur, de l'animation et de la promotion auprès des habitants et des visiteurs. ***Châteauvillain*** et ***Montsaugeon*** en font partie à juste titre.
– ***Cités de Caractère pour la Côte-d'Or :*** 60 communes sont regroupées sous ce label. Anciennes cités médiévales, ces villages de caractère se distinguent par leurs édifices chargés d'histoire et leur patrimoine architectural remarquable. 3 villages sont dotés de ce label en Côte-d'Or dont ***Salives*** dans le Parc national de forêts.

Les points d'accueil du Parc national :

– ***Siège du Parc national de forêts :*** *20, rue Anatole-Grabeur, 52210* ***Arc-en-Barrois.*** ☎ *03-25-31-62-35.*
– ***Maison du Parc et Maison de la Forêt :*** *1, ruelle de la Ferme, 21190* ***Leuglay.*** ☎ *03-80-81-86-11.*
– ***Maison du Parc – tour de l'Auditoire :*** *14, bis rue de Penthièvre, 52120* ***Châteauvillain.*** ☎ *03-73-62-04-50.*

Quatre « portes de cœur »

Sous la forme de grands abris en bois, 4 « portes de cœur » sont érigées sur le territoire du Parc national de forêts. Elles sont destinées à marquer l'entrée dans le Cœur du Parc national de forêts, à accueillir le public pour des animations, et à mettre en valeur les patrimoines emblématiques du territoire avec des panneaux d'informations.
– ***Porte en forêt d'Arc-Châteauvillain :*** Les Essarts.
– ***Porte en forêt de Châtillon :*** parcours de santé Châtillon.
– ***Porte d'Auberive :*** enclos de vision.
– ***Porte Vals-des-Tilles :*** marais de Chalmessin.

HOMMES, CULTURE, ENVIRONNEMENT

ARCHITECTURE ET PATRIMOINE

De la Protohistoire, des âges du bronze et du fer et de l'époque gallo-romaine, nous proviennent des artefacts découverts au gré de fouilles archéologiques, qui sont exposés dans les musées de la région. Les sites du Mausolée de Faverolles, comme le fanum du Tremblois, vestiges d'anciennes fouilles de monuments majeurs, visibles *in situ,* sont la partie émergée d'un iceberg insoupçonné : les forêts abritent une quantité vertigineuse de vestiges archéologiques, tout juste effleurée jusqu'à présent, qui pourtant raconte l'histoire des populations humaines sur plusieurs millénaires.

L'héritage médiéval

C'est du Moyen Âge que datent les plus anciennes constructions significatives. Au détour d'un défrichement ou d'une clairière, blottie au cœur d'un village ou d'une petite cité, on découvrira un peu partout de superbes églises romanes. Saint-Vorles, à ***Châtillon-sur-Seine,*** est l'une des plus imposantes du Parc national : l'abside du chœur est dominée à la croisée du transept par un clocher à base carrée, qui s'élève sur deux niveaux ceinturés d'arcatures aveugles. Les ducs de Bourgogne ont élevé à proximité une forteresse dont les vestiges ont fière allure. L'église doyenne du secteur reste cependant Saint-Germain, à ***Grancey-le-Château-Neuvelle,*** dont les parties primitives remonteraient aux alentours de l'an 900. À ***Grancey*** même, on s'intéressera à la porte de Bourgogne, ultime rescapée d'une enceinte disparue, ainsi qu'à ceux du château fort, avec sa porte couverte de tuiles vernissées et ses murailles couronnant le sommet de la colline.

Église Saint-Vorles

Cette coexistence entre église – au moins partiellement – romane et fortifications, on la retrouve par exemple à ***Salives*** (le chœur de Saint-Martin), à portée de flèche des pans d'un grand donjon du XIe s. L'architecture romane s'est longtemps attardée en ces contrées, comme à Arbot ou ***Montsaugeon,*** sanctuaires principalement érigés au XIIIe s, alors que – presque – partout ailleurs s'imposait le style gothique. ***Châteauvillain*** enfin, possédait autrefois une enceinte percée de 3 portes et flanquée de 60 tours, dont il reste une vingtaine et la seule Porte-Madame.

Travail et spiritualité

Dans le Parc national, on relèvera la présence de plusieurs ***commanderies templières*** – puis hospitalières – d'importance, sortes de grosses fermes sommairement fortifiées conçues pour exploiter d'immenses domaines. À ***Épailly,*** le modeste rempart est cantonné à un angle par une tour circulaire, ce qui n'a d'autre fonction qu'ostentatoire à une époque où la propriété foncière se matérialise par une construction militaire. Épailly possède en outre des bâtiments à vocation agricole, cellier, grange et colombier. Comme ces Templiers sont aussi des moines, on édifie une chapelle dans un style gothique très épuré. Autre commanderie de la région, celle de ***Bure-les-Templiers*** (la bien nommée), dont il subsiste l'ancienne chapelle Saint-Julien, d'une rigueur sublime, qui est aujourd'hui transformée en église paroissiale.

Des moines plus pacifiques contribuèrent aussi à façonner le territoire. Deux de leurs établissements sont ouverts au public, ***Val des Choues et Auberive.*** Le premier a perdu l'essentiel de ses bâtiments médiévaux après la Révolution, à l'exception d'un cellier du XIIe s transformé en salle de réception. Subsistent aussi des témoins médiévaux dans les fondations, porte, pilier du scriptorium, soubassement. Ceux des XVIIe et XVIIIe s furent en revanche épargnés. Le second a pour sa part été presque intégralement reconstruit en ces mêmes XVIIe et XVIIIe s, et présente le majestueux ordonnancement propre au classicisme français : ses larges et nombreuses fenêtres laissent largement pénétrer la lumière dans ses volumes intérieurs. C'est aujourd'hui une fondation privée destinée à l'art contemporain.

Notons enfin l'existence de plusieurs gentilhommières champêtres tardives, remontant au XIXe s ou au tout début du XXe s, tels les ***châteaux de Montigny*** qui possède une chapelle avec une superbe voûte à caissons de la Renaissance témoignage d'une fondation plus ancienne***, d'Arc-en-Barrois*** – où l'on remarquera aussi une maison Renaissance dans le bourg – ou de ***Rochefort-sur-Brévon.***

Naissance d'une industrie

Le développement d'une intense activité métallurgique sur le territoire prend son essor dès le Moyen Âge dans le giron des communautés cisterciennes notamment, même si les laïcs ne sont pas en reste. À ***Rochefort,*** les forges créées au XVIIe s fonctionnèrent à plein régime durant 200 ans. La production sidérurgique locale fut importante jusqu'au premier quart du XIXe s, avant de décliner et de s'éteindre définitivement en 1878, avec la fermeture du site de ***Veuxhaulles-sur-Aube.*** De cette ère de prospérité datent quantité de bâtiments et équipements disséminés dans le Parc national : forges à ***Vanvey*** et ***Ampilly-le-Sec,*** usine de ***Sainte-Colombe-sur-Seine,*** etc...

Un abondant « petit patrimoine »

L'habitat traditionnel est généralement construit en pierres sèches calcaires, et presque toujours doublé d'une vocation agricole. Quantité de ces ***fermes,*** isolées ou regroupées en villages, s'articulent autour d'une cour coupée de la route par

un mur percé de passages charretier et piétonnier. Élément crucial de la vie rurale d'antan, des ***moulins*** à farine ont été préservés comme à ***Baissey.***
Chaque commune abrite par ailleurs un ***patrimoine vernaculaire*** conséquent, à commencer par des ***fontaines*** attestant de la richesse hydraulique du plateau de Langres. On aime celle de la « Peûte Bête » d'Aujeurres, sorte de gargouille tout droit sortie d'une légende. De nombreuses fontaines sont transformées en ***lavoirs,*** souvent restaurés avec soin, entretenus et fleuris. Celui de ***Châteauvillain*** dispose d'un parquet flottant, dispositif unique en France, que les lavandières pouvaient faire monter ou descendre grâce à une manivelle actionnant des engrenages. Au pied de l'église, le lavoir de ***Salives*** prend une dimension quasi religieuse, avec ses grandes baies en plein cintre coiffées d'ogives. ***Vanvey*** en possède deux, l'un d'entre eux projetant les fines silhouettes de ses arcatures en bois dans les eaux paisibles d'un bras de l'Ource. Liste non exhaustive, bien sûr...vous les retrouverez dans ce guide et tout au long de votre promenade dans le Parc national.

CUISINE ET PRODUITS LOCAUX

Un séjour sur ce territoire qui regorge de bonnes adresses gourmandes est l'occasion de déguster quelques produits authentiques et des spécialités à la fois bourguignonnes et champenoises.
Si la forêt occupe une partie importante du territoire, ***l'activité agricole et l'élevage*** couvrent des surfaces significatives, notamment dans le nord Côte-d'Or et sur la frange orientale du Parc national. Vous trouverez donc nombre d'exploitations produisant céréales et viande bovine ou ovine, ainsi que des ***maraîchers.*** À titre d'exemple, on citera, dans les secteurs de ***Châteauvillain*** ou d'***Arc-en-Barrois***, les Pigments du Jardin, le Terroir Légumier, Primaflor, Aujon nos légumes ou encore la Cagette Haut-Marnaise. Beaucoup proposent des paniers à réserver : c'est l'occasion de découvrir les producteurs locaux qui jouent le jeu du circuit court.
On est ici à la croisée des chemins. À la table des restaurants de la région, les ***spécialités bourguignonnes*** le disputent à celles de la ***Champagne***. Les œufs en meurette et le bœuf bourguignon côtoient donc l'andouillette de Troyes ou la potée champenoise, pour le plus grand plaisir de nos papilles. On n'oubliera pas les ***poissons*** pêchés dans les rivières comme la truite.
Le territoire du Parc national est une zone de production de ***fromages*** dont le plus célèbre d'entre eux est le ***langres.*** Fromage à pâte molle et à croûte lavée, affiné deux à trois semaines, produit à partir du lait de vache Simmental française, montbéliarde ou brune, au même titre que l'époisses voisin, que le munster ou le maroilles, le langres, dont on parle depuis le XVIIIe s, a obtenu son appellation d'origine contrôlée (AOC) en 1991 puis son appellation d'origine protégée (AOP, label européen) en 1996. On reconnaît un langres, fromage de forme cylindrique et de couleur orangée, à la cavité sur sa partie supérieure, surnommée « cuvette » ou « fontaine », dans laquelle on verse traditionnellement un peu de marc de Bourgogne ou de Champagne avant de le déguster. On l'apprécie accompagné d'un rouge de Bourgogne mais aussi d'un blanc (il faut oser casser les codes) voire d'un champagne, entre le plat et le dessert mais aussi à l'apéritif, et pourquoi pas dans une profiterole langroise. D'autres fromages sont produits dans le secteur, en particulier l'***époisses.*** Brillat-Savarin dit de lui que c'est « le roi des fromages » et ce fromage à pâte molle trôna sur les tables de Versailles sous Louis XIV. De couleur orangée également, il est produit à partir de lait de vaches des mêmes races que le langres. On peut se procurer également d'excellents ***fromages de chèvre*** auprès des producteurs caprins du Parc national. Il existe, à Langres, une maison des fromages de Langres et de Haute-Marne où vous trouverez toutes les informations nécessaires et un large choix. À ***Vaux-sous-Aubigny,*** la fromagerie Germain propose également

une large gamme de ses productions et de spécialités fromagères du territoire, et permet en outre de découvrir l'histoire et la production du langres.

Qui dit forêt dit ***champignons***, forcément ! Si vous connaissez les bons coins, vous irez les chercher vous-mêmes. Attention toutefois, la cueillette est réglementée. Il n'est pas permis d'en ramasser plus de 5 litres par personne et seules certaines espèces sont autorisées à la cueillette. Et bien sûr, il est hors de question de se servir dans la réserve intégrale. Sinon, vous trouverez cèpes et autres espèces non protégées sur les marchés (rien ne vous empêche de dire que c'est vous qui les avez ramassés !) ou vous pourrez les déguster dans les excellents restaurants du Parc national.

La ***truffe de Bourgogne*** est le champignon le plus secret et le plus prisé du Parc national. Le *tuber uncinatum* est certes moins connu que son cousin du Périgord, le *tuber melanosporum*. Il n'en est pas moins excellent, et fort recherché. Abondamment produite au XIXe s, la truffe de Bourgogne est quelque peu tombée dans l'oubli ensuite, mais renaît depuis plusieurs années grâce aux efforts de quelques producteurs en Côte-d'Or et en Haute-Marne, et des deux associations existant dans ces départements. Ce sont des chiens qui dénichent ces fameuses truffes, à la saison de la cueillette (entre mi-septembre et mi-janvier), lors de l'opération sensible du « cavage ». En Côte-d'Or, la ***Route de la truffe*** relie, sur 118 km, ***Nuits-Saint-Georges*** à ***Leuglay,*** au cœur du Parc national, et permet de découvrir les producteurs, artisans et commerçants labélisés 100 % Savoir-faire Côte-d'Or (itinéraire et commentaires sur l'appli « Balades en Bourgogne »). En Haute-Marne, on découvrira les secrets de la truffe au domaine trufficole des Clairs-Chênes, à ***Semoutiers-Montsaon*** près de Châteauvillain. Il existe une confrérie de la truffe de Bourgogne en Côte-d'Or (siège à Is-sur-Tille) et une en Haute-Marne (siège à Biesles).

La forêt regorge de secrets, et parmi ceux-ci, le fameux ***ail des ours,*** excellent pour préparer un bon pesto par exemple. Enfin, repérez sur votre route les apiculteurs qui proposent ***miel, pain d'épices et autres produits de la ruche*** produits par les abeilles du Parc national.

Ruches à Arc-en-Barrois

© Céline Lecomte

Quand il faut lever son verre, on boit les ***vins*** produits dans et autour du Parc national de forêts. Dans le Châtillonnais, le ***crémant de Bourgogne*** s'impose comme une boisson à la fois délicate et festive. C'est une AOC depuis 1986, qui couvre 23 communes et 1 400 hectares (voir p. 78, visite guidée de la vigne au vin proposée par le ***Domaine Bouhélier*** à Chaumont-le-Bois).
La ***route du crémant***, sur 120 km, vous permet de découvrir ce terroir entre ***Laignes*** et ***Montigny-sur-Aube*** en passant par ***Châtillon-sur-Seine.*** Quand on parle de bulles, on pense aussi au ***champagne,*** évidemment. Le Parc national n'est pas situé dans la zone de production, mais elle n'est pas loin. On trouve d'ailleurs un producteur sur le territoire, à ***Richebourg.***
On produit également du vin tranquille dans la région. Il faut faire étape au Montsaugeonnais pour découvrir l'histoire incroyable du ***muid montsaugeonnais,*** cette vigne du Pays de Langres voulue par l'évêque probablement dès le IXe s, dévastée par le phylloxéra au XIXe s et replantée à partir de 1989. Quatorze hectares sont aujourd'hui plantés, principalement en pinot noir et en chardonnay (comme en Bourgogne un peu plus au sud), mais aussi en auxerrois et en gamay. On déguste et on achète au domaine.
À l'heure de lever le coude, les amateurs apprécieront 2 ***bières artisanales*** produites sur le territoire du Parc national : ***la Choue***, dans ses différentes déclinaisons, de la brasserie de ***Vauclair*** à Giey-sur-Aujon, et ***la Lingone,*** fabriquée à Rivières-les-Fosses.
Et pour finir sur une note plus sucrée, le ***Rubis,*** produit à ***Bugnières*** par Michel et Thierry Rousselle, a gagné sa place parmi les spécialités de la région, avec une gamme de ***liqueurs*** mais aussi de jus de fruits produits à partir de groseilles et de cassis.

ÉCONOMIE ET SAVOIR-FAIRE

Naturellement, la forêt constitue une richesse naturelle majeure du territoire du Parc national. La ***filière forêt-bois*** représente une centaine d'entreprises qui emploient plus de 400 personnes dans le périmètre du Parc national et assurent la production annuelle de près de 300 000 m^3, essentiellement pour du ***bois d'œuvre.*** Plusieurs entreprises importantes sont implantées sur le territoire : Bordet à Leuglay produit du charbon de bois, D'Herbomez à Châtillon-sur-Seine réalise des chantiers forestiers, Brugère à Châtillon également assure le déroulage du bois. À Vanvey, le ***Chêne Bourguignon*** est une entreprise de menuiserie spécialiste des escaliers en bois sur mesure mais aussi des portes extérieurs et intérieures ainsi que du mobilier. Du bel ouvrage dans un matériau noble. (● *chene-bourguignon.com* ●) À Leuglay se trouve le plus important pépiniériste de France, les ***Pépinières Naudet,*** spécialisé dans les arbres et les arbustes forestiers. La gestion de la forêt et la valorisation de ses produits intègrent désormais les préoccupations de soutenabilité : en Cœur de Parc national, la gestion forestière a d'abord pour vocation de préserver la biodiversité. Elle doit également continuer de fournir la matière première nécessaire au développement de la filière bois, tout en assurant la préservation et la résilience de la forêt face au changement climatique ; c'est tout l'enjeu du travail effectué par les acteurs spécialisés (Office national des forêts, Syndicat intercommunal de gestion forestière de la région d'Auberive, Forêt irrégulière école...). La ***sylviculture*** doit également prendre en compte les activités humaines liées aux loisirs, notamment la randonnée pédestre, équestre ou cyclable.
Le Parc national propose des visites sur le terrain pour comprendre les secrets de la sylviculture. Agenda et inscriptions : ● *forets-parcnational.fr* ●

Elle illumine de sa blancheur tous les villages du Parc national. Elle a servi à construire le musée des Arts islamiques à Doha, on la trouve en dalles au sol au musée du Louvre, au musée d'Orsay ou au British Museum, dans des immeubles de bureaux prestigieux à Amsterdam ou à San Francisco : la ***pierre de Bourgogne*** est un matériau de grande qualité, extrait principalement dans le Châtillonnais, au sud-ouest du Parc national de forêts. Il subsiste des carrières produisant granulats ou blocs dans le périmètre du Parc national, où une dizaine d'entreprises représentent la filière pierre. Cette pierre calcaire d'exception est aussi utilisée dans le cadre de la restauration du patrimoine bâti.

L'***agriculture*** et l'***élevage*** constituent le troisième pilier de l'économie du territoire. On recense 550 exploitations dans le Parc national, qui travaillent principalement dans les grandes cultures céréalières et l'élevage bovin (pour le lait ou la viande), qui a largement remplacé l'élevage de moutons majoritaire au XIXe s. Le Parc national, dans ses secteurs non boisés, est occupé par une agriculture dite intermédiaire : ni plaine avec des rendements élevés, ni montagne où l'élevage et le pastoralisme dominent. Les prairies façonnent le paysage, produisant les fourrages nécessaires au bétail. Il faut souligner la grande diversité de productions du territoire : hormis le blé, le lait et la viande bovine, on produit aussi ici du miel, des légumes et des fruits, mais aussi du safran ; et pour l'élevage, outre les vaches (Brune et Simmental pour l'essentiel), on trouvera chèvres, volailles, porcs parfois mais aussi chevaux de trait de l'Auxois.

Que retenir du ***portrait économique*** du Parc national ? L'activité repose essentiellement sur l'***agriculture et la sylviculture,*** qui représentent plus de 13 % des emplois (contre 3 % au plan national), mais aussi sur l'industrie (pierre, filière aval du bois, petite métallurgie...) et l'artisanat. Les ***entreprises*** sont de ***petite taille,*** voire très petites (sans aucun salarié), avec une forte dominante d'affaires familiales. Les services sont moins présents que la moyenne française, sur un territoire en perte démographique. Comme dans de nombreuses zones rurales, les questions de pérennité et de transmission des entreprises artisanales sont particulièrement prégnantes. La création du Parc national, il faut le souligner, constitue une bulle d'oxygène pour l'activité de l'***hôtellerie*** et de la ***restauration*** ainsi que pour le ***petit commerce***, qui reste très largement concentré dans les villes et les bourgs (Châtillon-sur-Seine, Châteauvillain, Arc-en-Barrois, Prauthoy, Rolampont ; Auberive et Recey-sur-Ource dans une moindre mesure).

FAUNE ET FLORE

Faune

Circuler dans le Parc national de forêts, c'est la quasi-garantie d'apercevoir un des mammifères de nos forêts, en particulier aux extrémités du jour. Les ***ongulés sauvages – cerf, chevreuil, sanglier*** – sont particulièrement abondants. Parmi eux, le cerf est le plus impressionnant. Son saisissant brame a lieu au tout début de l'automne, tandis que la fin de l'hiver offre l'opportunité de découvrir, au hasard d'une promenade, les bois de cerf de l'année précédente. L'écoute du brame et le ramassage des mues, possibles en dehors de la réserve intégrale, restent cependant sujets à d'éventuelles restrictions pour assurer la quiétude des animaux.
À leurs côtés, le ***renard*** ou encore le ***blaireau,*** représentant avec la ***martre*** et la ***belette*** de tout un cortège d'animaux, sont protégés dans le Cœur du Parc national et souvent observables à proximité des routes et chemins. À l'inverse, le ***chat forestier,*** le cousin sauvage de nos chats domestiques, est un hôte très discret des forêts où il est pourtant très présent.
Quid des ***grands prédateurs :*** le ***loup*** et le ***lynx*** ? Ils font partie, à l'instar d'espèces plus inattendues comme le chamois, des visiteurs très ponctuels du Parc national, mais à ce jour, aucune population n'est installée. Le Parc national est particulièrement vigilant à la dynamique de ces espèces et a mis en place un système de veille permettant d'anticiper une éventuelle arrivée.

Ce panorama ne serait pas complet sans les ***mammifères volants,*** le territoire abritant dans le creux des arbres ou sous leurs écorces, de très nombreuses ***chauves-souris forestières*** qu'il reste bien entendu plus facile d'observer en vol à la lisière des forêts ou à proximité des vieux bâtiments où certaines espèces trouvent abri. Toutes protégées, au moins 23 des 36 espèces connues en France métropolitaine fréquentent le territoire.

Elles côtoient dans le ciel un cortège avifaunistique conséquent. Les six espèces de ***pics de plaine*** sont présentes dont le pic mar et le rare pic cendré. Rapace forestier très discret, ***l'autour des palombes*** construit de nombreux nids sur son aire de vie, utilisés de façon opportuniste par bien d'autres espèces. Il est l'un des représentants des ***rapaces*** qui peuplent nos forêts, diurnes comme nocturnes à l'instar de la ***chouette hulotte***. De nombreux passereaux, ***sitelle, mésanges, grives, pouillots*** agrémentent aussi les sorties en forêt, accompagnés par le ***geai des chênes*** connu pour son rôle dans la propagation des glands.

Reste que l'essentiel de la richesse faunistique de nos forêts se cache dans le sol, les feuilles et le bois – en particulier le bois mort, et comprend essentiellement des invertébrés. Parmi eux, se retrouvent des milliers d'espèces d'***insectes*** dont des espèces de ***papillons*** remarquables en voie de disparition en France comme le ***Damier du frêne.***

LA CIGOGNE NOIRE, LA GRANDE DAME DU PARC NATIONAL

Il faut être chanceux pour apercevoir ce majestueux échassier qui avait disparu d'Europe de l'Ouest au début du XXᵉ s. Sa population française, toujours fragile, est estimée à une centaine de nids dont 7 sont suivis sur le Parc national, un de ses principaux bastions. Espèce farouche très sensible au dérangement, elle trouve sur le territoire de vastes forêts qui lui confèrent la quiétude et les arbres lui permettant de faire ses nids imposants, ainsi qu'un ensemble de milieux naturels composé de prairies, marais et cours d'eau poissonneux pour s'alimenter et nourrir sa progéniture. Migratrice transsaharienne, elle est présente sur le Parc national de février à septembre.

Chevreuil

Flore et fonge

À l'ombre d'une importante diversité d'arbres, le territoire compte des ***arbustes*** (noisetier, cornouiller, troène...) et des ***plantes de sous-bois*** (anémone sylvie, scille à deux feuilles, ...) typiques des sols calcaires. À leurs côtés, des plantes avec une faible capacité de colonisation comme le ***muguet*** ou l'***ail des ours*** ont profité de l'ancienneté de l'état boisé de la grande majorité des forêts pour former de vastes stations. En parallèle, la présence d'espèces de plantes comme la ***nivéole de printemps*** ou le ***lis martagon*** confirment le statut de refuge que joue le territoire du Parc national pour un grand nombre d'espèces de milieux froids, qu'elles soient montagnardes, septentrionales ou d'Europe centrale.

Les ***champignons,*** la ***fonge,*** jouent un rôle essentiel dans le fonctionnement d'une forêt, aidant à la croissance des arbres ou à la dégradation de la matière organique... ***Girolles, morilles*** ou encore la ***truffe de Bourgogne*** mettront en appétit plus d'un, mais ne constituent que quelques espèces parmi des milliers.

Moins bien connues, de très nombreuses espèces de ***mousses*** et de ***lichens,*** dont le ***Lichen pulmonaire***, indicateur de la qualité écologique des forêts, complètent ce premier aperçu d'une végétation que vous aurez plaisir à découvrir à la fraîcheur du sous-bois.

La cueillette des plantes et des champignons est réglementée dans le Cœur du Parc national et interdite en réserve intégrale.

LE SABOT DE VÉNUS, LA PLUS GRANDE ORCHIDÉE D'EUROPE

Tirant son nom de son labelle jaune vif évoquant le chausson en or qu'aurait perdu Vénus surprise par un orage, le Sabot de Vénus est une espèce à caractère montagnard qui trouve ses principales stations de plaine sur et à proximité du Parc national de forêts grâce à un microclimat favorable. Fleurissant en mai et juin, comme la majorité de la trentaine (!) d'espèces d'orchidées sauvages du territoire, il se rencontre généralement dans des conditions de demi-ombre. Protégé nationalement, il fait l'objet d'un suivi scientifique de son état de conservation. Des sorties de terrain sont régulièrement organisées pour le découvrir sans risquer de le piétiner. Cueillette évidemment interdite, comme pour toutes les orchidées en Cœur de forêt !

Sabot de Vénus

GÉOGRAPHIE ET ENVIRONNEMENT

À cheval sur les départements de ***Côte-d'Or et de Haute-Marne***, appartenant respectivement aux régions Bourgogne-Franche-Comté et Grand Est, le Parc national de forêts occupe l'essentiel du ***plateau de Langres.*** Il y règne un ***climat semi-continental*** (dit parfois aussi « sub-montagnard »), synonyme d'étés chauds, et d'hivers froids et humides, avec des précipitations fréquentes sous forme de neige accompagnées d'épisodes de gel pouvant survenir tardivement.

Des coteaux pour frontières

Au XVIIIe s, le ***naturaliste Buffon*** qualifiait le plateau de Langres de « plus haute montagne calcaire de France » : au Haut de Baissey, on y atteint la très honorable altitude de 523 m à l'intérieur des frontières du Parc national (605 m à l'extérieur). Situé aux confins du Bassin parisien, le plateau est délimité au nord-ouest par ***la côte de Meuse,*** également dénommée localement « cuesta châtillonnaise », véritable rupture dans le relief. Elle s'annonce par quelques buttes témoins, des collines isolées au milieu des plaines ou des vallées, composées de roches dures ayant résisté mieux qu'ailleurs à l'érosion : mont Lassois, butte de Montsaugeon, Jumeaux de Massingy... Au sud-est, il est bordé par la ***côte de Moselle*** dominant la vallée de la Vingeanne, qui galope ensuite vers le sud pour engendrer les prestigieuses appellations viticoles bourguignonnes. Dans le Parc national, certains versants de ces côtes sont partiellement colonisés par des vergers ou des vignes.

Entre Manche et Méditerranée

Souvent qualifié de ***« château d'eau »,*** le plateau est parcouru par les vallées quelquefois très étroites (combes) de ***nombreuses rivières ou ruisseaux.*** Nous sommes ici à la limite entre les bassins versants de deux grands fleuves : vers la Seine, qui traverse le Parc national à Châtillon, coulent notamment l'Ource, l'Aube et son affluent l'Aujon... la Vingeanne ou la Tille filent pour leur part vers la Saône et sont des sous-affluents du Rhône. Ici passe donc la ligne de partage des eaux entre la Manche et la Méditerranée.

Dans les ***vallées de l'Ource ou de l'Aube,*** les villages s'étirent à proximité des rivières. Ils se structurent le long d'une route principale (on parle de villages-rue), avec église et mairie pour points centraux. Nos anciens possédaient toutefois une sagesse que nous avons tendance à oublier : ils bâtissaient en dehors des zones inondables, laissant à fond de vallées des prairies quadrillées de murs ou de haies délimitant des parcelles. Bref, une sorte de bocage, avec persistance ponctuelle de ripisylve. Les versants en pente douce pour leur part, sont propices aux grandes cultures.

Autres entités paysagères recensées, les ***plateaux du Châtillonnais et du Barrois.*** Relativement ondoyants, leur surface est de temps à autre entaillée par une combe. Les routes mènent ici ou là à un hameau ou à une ferme isolée, plantée au milieu d'un essart de superficie variable ; les lisières ne sont jamais très loin. On y trouve surtout des villages masses, c'est-à-dire groupés autour d'un carrefour de voies de communication parfois très anciennes.

Dans les ***environs d'Auberive*** enfin, des ***réseaux denses de ruisseaux***, de vallées, de chemins structurent un territoire ponctué de reliefs modérés et de petits plateaux. Les paysages que l'on y admire doivent beaucoup aux cisterciens de l'abbaye d'Auberive, qui ont défriché des portions entières de terres cultivables et y ont implanté des exploitations agricoles, qui pour certaines existent toujours. Là encore, il y a systématiquement une orée de bois à portée de regard.

« Aux arbres »

Ce poème du grand Victor Hugo commence par ce vers : « Arbres de la forêt, vous connaissez mon âme ! » Autant dire qu'ici, l'âme humaine ne peut rien cacher ! Les paysages que nous avons décrits sont en effet toujours enserrés dans un imposant corset chevelu.

Le ***Parc national de forêts*** ne doit pas son nom au hasard : 53 % des 241 000 ha, du territoire sont recouverts de sylve, pourcentage qui monte même à 95% au Cœur du Parc national. Ce dernier comprend principalement ***trois massifs domaniaux : les forêts d'Auberive, d'Arc-Châteauvillain et de Châtillon-sur-Seine,*** giboyeuses à souhait pour le plaisir des promeneurs, qui ne seront pas sans rencontrer l'un des hôtes des lieux. Notons que l'existence de ces forêts est attestée depuis plus de 200 ans.

Côté essences, les ***feuillus sont majoritaires à 89 %,*** avec deux seigneurs incontestés : ***le hêtre et le chêne***. Également présents, le charme, l'orme, l'érable, le tilleul, le frêne, le merisier et quelques autres espèces à feuilles caduques, avec à la clef un festival de couleurs à chaque automne. Nous avons là un panel d'espèces caractéristiques des ***forêts de plaine,*** qui nécessite cependant un questionnement sur le long terme, réchauffement climatique oblige. La question de savoir quelles variétés s'adapteront le mieux aux changements à venir est omniprésente à l'esprit des forestiers. Parmi les 11 % de résineux prédominent l'épicéa, le pin sylvestre, le pin noir...

Une multitude d'écosystèmes

Entre les lisières de ces vastes futaies, ou à l'abri de leurs frondaisons, ont pu se développer divers biotopes remarquables, à commencer par les ***marais tufeux***. Nés à proximité de sources pétrifiantes par dépôts calcaires sur des mousses, ils se caractérisent par la formation de concrétions parfois coiffées de touradons, des plantes graminées prenant la forme d'une motte et repoussant d'une année sur l'autre. Tout aussi spectaculaires, certaines tuffières, comme celle de ***Rolampont***, prennent l'aspect de gradins naturels où l'eau coule en cascade. Très nombreux dans le Parc national, une cinquantaine de ces marais tufeux sont intégrés au réseau européen Natura 2000.

Tuffière de Rolampont

Les milieux rocheux, constitués par affleurement calcaire ou par éboulis au pied de petites falaises, sont également très présents, mais d'étendue limitée. Ces milieux apparemment hostiles abritent néanmoins une faune et une flore spécifiques : la vie trouve toujours son chemin. Certains de ces milieux rocheux ont des formes spectaculaires, comme le ***cirque de la Coquille*** – rien à voir avec la Saint-Jacques, la Coquille est une minuscule rivière –, en pays Châtillonnais, ou les ***gorges de la Vingeanne,*** dans la partie amont de son cours.
Humides ou sèches, les ***prairies*** sont elles aussi fréquentes, avec leur faune et leur flore propres. On explore les premières au fond des vallées, à proximité des rivières, l'eau favorisant le développement d'une végétation luxuriante, et l'on y pratique l'élevage et le fauchage. Plus rares et vulnérables, les prairies sèches sont l'héritage lointain d'un agropastoralisme aujourd'hui presque révolu, que l'on pratiquait autrefois sur les sols les plus pauvres des coteaux exposés au sud.
Pour résumer et conclure, nous citerons un extrait de la charte du Parc national : « Avec les forêts toujours en ligne d'horizon, les prairies le long des cours d'eau, les grandes cultures sur les plateaux et sur les versants peu pentus, le paysage semble immuable. »

HISTOIRE

On dit souvent que la richesse d'un territoire doit beaucoup à son sous-sol : c'est particulièrement vrai ici, quand tant de merveilles enfouies depuis la nuit des temps ont fait le bonheur de générations d'archéologues. Toutes les périodes les plus anciennes de l'histoire humaines sont représentées : Paléolithique, Néolithique, âges du bronze et du fer. Célèbre entre tous, le ***trésor de Vix*** découvert en 1953 : il y a 2 500 ans, au pied de l'oppidum du ***mont Lassois***, fut inhumée une princesse celte avec un important mobilier funéraire, torque en or, fibules, char de parade... Le plus étonnant, c'est que l'on mit également au jour à ses côtés des pièces ornées – entre autres – d'hoplites, des guerriers... de la Grèce antique ! Parmi celles-ci figure un immense cratère en bronze pouvant contenir 1 100 l de vin, pesant 208 kg, fabriqué dans les colonies grecques du sud de l'Italie vers 530 av. J.-C. Si l'on ajoute à cet objet de prestige la présence dans la tombe d'ambre de la Baltique, on comprend que l'on était en ces contrées, vers la fin du premier âge du fer, au cœur d'un réseau commercial à l'échelle européenne. Plus globalement, Vix était à cette époque un immense complexe princier où vivaient jusqu'à 5 000 personnes. Tous les objets collectés sur place ou dans le secteur, notamment le fabuleux lébès – sorte de chaudron – étrusque trouvé dans une autre sépulture aristocratique (d'homme, cette fois), avec ses quatre animaux à bec d'aigle et cou de serpent, font la fierté du beau ***musée du Pays Châtillonnais – Trésor de Vix de Châtillon-sur-Seine.***

Sous les aigles romaines

À la veille de l'invasion romaine de la Gaule, ***les Lingons,*** un peuple celte, occupaient le plateau de Langres et ses alentours. Nos Lingons honoraient un large panthéon de divinités et vouaient un culte aux sources : la résurgence de la Douix, à Châtillon encore, de la Coquille, à Étalante, ou encore de la Cave, à Essarois, étaient l'objet de leurs dévotions. Après le triomphe définitif des légions de César, en 51 av. J.-C., cette tradition perdura pendant la ***période gallo-romaine*** et de nombreux ex-voto en ont été mis à jour. Le site antique majeur du Parc national est cependant celui du ***mausolée de Faverolles,*** construit sous l'empereur Auguste (27 av. J.-C.-14 apr. J.-C.) en mémoire d'un Lingon de très haut rang, en bordure d'une voie secondaire partant de Langres.

Travaux monastiques

À la fin du XIe s, en réaction à la dégradation de la discipline dans les monastères bénédictins, Robert de Molesme fonde l'abbaye de Cîteaux, où il entend revenir à la lettre de la règle de saint Benoît. Des moines la quittent un peu plus tard pour créer d'autres établissements, des « filles » : l'ordre cistercien se développent ainsi selon un système de filiation. ***En 1135, Auberive est fondée par saint Bernard, abbé de Clairvaux*** et grand promoteur de l'ordre. Le ***prieuré du Val-des-Choues*** (ou « des-Choux », au choix !) pour sa part, naît à la ***fin du XIIe s***. On y applique une règle inédite, empruntant à la fois aux cisterciens et aux chartreux. Là encore, des religieux vont essaimer à travers la chrétienté pour fonder d'autres prieurés, plaçant *de facto* le Val-des-Choues à la tête d'un ordre pour le moins original. Ruiné, le prieuré est rattaché à l'abbaye cistercienne de Septfons en 1764.

Nés au temps des croisades, les ordres religieux et guerriers tels que les ***Templiers***, synthétisent à eux seuls le mélange de piété et de violence qui parcourait la société médiévale. Dans les campagnes, pour exploiter les immenses domaines fonciers qu'il leur avait été avait concédés, ils établirent des commanderies : ***Bure, Épailly, Voulaines-les-Templiers***... Pour ces moines au blanc manteau frappé d'une croix rouge, tout bascule le vendredi 13 octobre 1307, quand le roi Philippe le Bel envoie ses sergents frapper à la porte de chacune de leur commanderie pour procéder à leur arrestation. L'ordre dissout, ses biens seront redistribués aux ***Hospitaliers***, qui feront de ***Voulaines*** le siège de leur grand prieuré de Champagne.

Tous ces moines, armés ou non, ont procédé à de grands défrichements et à la mise en valeur de terres agricoles, façonnant largement les paysages.

Un troisième « âge du fer »

Une autre richesse du sous-sol local, la présence de minerai que les cisterciens commencèrent très tôt à exploiter. L'activité atteint son apogée aux XVIe et XVIIe s et perdure jusqu'au XIXe s, avec de véritables usines qui s'implantent le long des

Abbaye du Val des Choues

© Michel Monot

cours d'eau, comme à ***Coupray, Châteauvillain, Maisey-le-Duc, Montmoyen et Auberive***. En 1845 encore, la société des maîtres de forge de Châtillon-Commentry est encore considérée comme l'une des plus prospères de l'est de la France. C'est la modernisation de la métallurgie, avec le remplacement du charbon de bois par la houille, qui signe l'arrêt de mort de l'activité sidérurgique locale.

De guerre en guerre

Sur les hauteurs de Châtillon-sur-Seine, à deux pas de l'église Saint-Vorles, une croix rappelle la mémoire de Léon Vigneron, « fusillé [...] le 19 octobre 1870 par les Prussiens [...] mort en chrétien pour la patrie. » C'est malheureusement la première de trois invasions du nord de la France. Durant la ***Première Guerre mondiale***, les assaillants n'atteignent pas le plateau de Langres, mais le pays paie un lourd tribut humain au conflit, ainsi qu'en attestent les monuments aux morts qui ont poussé dans chaque commune après l'arrêt des hostilités. Durant la ***Seconde Guerre mondiale***, des ***maquis*** se forment sous le couvert des profondes forêts. Certains ont une destinée tragique, tel celui de ***Voisines,*** que les occupants (des Cosaques (!) principalement, au service des nazis) attaquent le 30 juin 1944, tuant quinze hommes, fusillés sommairement ; ils en déportent deux autres (un seul reviendra des camps) et abattent aussi un civil. Le ***maquis d'Auberive*** en revanche, commandé par le colonel de Grouchy, établit son QG très loin, au fond de la forêt éponyme, dans la ferme cistercienne de la Salle et reste à l'abri des mauvais coups. Sur place, une plaque commémore cette présence héroïque.

SPORTS ET LOISIRS

Le Parc national est un terrain idéal pour pratiquer la ***randonnée***. Le territoire est parcouru par près de près de 600 km inscrits aux Plans départementaux des itinéraires de promenade et randonnée – point d'attention : **l'accès à la réserve intégrale est réglementé,** y compris pour les piétons. Pas moins de 40 circuits pédestres en boucle sont balisés dans le Parc national *(à retrouver sur ● rando. forets-parcnational.fr ●).* Vous profiterez d'une pause en silence pour espérer apercevoir quelque animal sauvage, avec un peu plus de chance de réussite aux abords du Parc aux daims de Châteauvillain ou de l'enclos de vision d'Auberive. Les règles de bon sens s'appliquent : ne laissez pas de déchets derrière vous, ne cueillez rien, ne perturbez pas la vie sauvage, munissez-vous d'une carte, d'eau et de nourriture, et portez des vêtements et des chaussures adaptés à la marche à pied en nature.

Trois chemins de grande randonnée (GR), balisés en rouge et blanc traversent le Parc national et permettent une découverte itinérante :

– ***le GR2*** (Dijon – Le Havre sur 858 km) traverse le Châtillonnais au sud-ouest, en suivant plus ou moins le tracé de la Seine ;

– ***le GR7*** (Andorre-Ballon d'Alsace sur 1467 km) passe par Grancey-le-Château et Auberive avant de rejoindre Langres ;

– ***le GR145,*** autrement appelé « la via Francigena », relie Calais aux Fourgs (Jura), soit 988 km en passant par Châteauvillain, Richebourg, Leffonds, Faverolles et Langres où il rejoint le GR7. Cette voie rappelle, par son nom, le pèlerinage conduit à l'époque des Francs (vers 990, ça ne date pas d'hier) entre Canterbury et Rome.

Si vous ne vous sentez pas assez à l'aise pour marcher seul, vous trouverez des organisations qui proposent des ***balades accompagnées,*** plus ou moins longues. Par exemple les ***Sentiers de la Belette à Châteauvillain***, le ***Domaine Bouhélier à Chaumont-le-Bois*** ou ***So Sports Nature à Poinsenot.*** Renseignez-vous également auprès du Parc national de forêts ou à la ***Maison de la forêt de Leuglay,*** qui organisent des sorties dans les bois, découverte de la faune et de la flore en prime.

Balade en vélo

Amateurs de ***vélo,*** vous êtes aussi gâtés ! Les routes tranquilles permettent d'avaler les kilomètres, en suivant par exemple l'un des nombreux itinéraires cyclotouristiques – vous resterez toutefois prudents, certains roulent vite et il n'est pas rare de croiser de lourds camions chargés de bois. Si vous préférez le VTT, les chemins forestiers avec une vingtaine de circuits fléchés sont adaptés à cette pratique. Vous viendrez avec votre bécane ou vous la louerez si votre hébergement n'en prête pas.
– Bonne adresse : ***Locebike*** *(• locebike.fr •),* loueur de vélos à assistance électrique haut-de-gamme Moustache Bikes, dont le siège est à Bugnières mais qui dispose de points de location au lac de la Liez près de Langres, à Chaumont et à Voulaines-les-Templiers.
– Bon plan : ***Échappée Nature*** vous guide pour des sorties thématiques, en vélo à assistance électrique dans le Parc national *(• echappee-nature.fr • À partir de 50 €/pers la demi-journée, 80 € la journée (hors repas, vélo inclus).*

De nombreux ***centres équestres*** sont implantés dans le Parc national, qui offrent l'opportunité de s'aventurer en forêt à cheval. À moins que vous ne préfériez la balade en compagnie d'ânes, comme le proposent ***Chemins de Traverse,*** à Auberive ou ***Donkey'ânes,*** à Saint-Germain-le-Rocheux.

La Diagonale verte

Au fil des années, 12 ans d'existence, la Diagonale verte est devenue une classique de l'itinérance. Une super expérience de randonnée accompagnée, à vivre sur 4 jours avec une douzaine d'ânes de portage pour découvrir autrement le territoire du Parc national de forêts.
• chemindetraverse52.org/les-randos-nomades-2 •

La pratique de la ***pêche*** en cœur est possible sur quelques tronçons de rivières, assez peu nombreux, et dans le respect des règles édictées par le Parc national. Les empoissonnements sont en particulier proscrits.

La ***chasse,*** activité traditionnelle de la région, reste possible sur le territoire du Parc national, mais de manière très encadrée. Les espèces qui peuvent être chassées font l'objet d'une liste précise – très restreinte en forêt, plus large hors forêt –, liste dont le renard et le blaireau sont exclus.

Pour la ***baignade,*** il vous faudra quitter le cœur du Parc national, où il ne se trouve ni espace naturel propice ni ***piscine*** sauf celle de ***Châtillon-sur-Seine*** ou celle de ***Recey-sur-Ource.*** On pourra aussi profiter de l'étang du camping de Riel-les-Eaux. À proximité, vous trouverez en particulier les ***lacs de la région de Langres*** ou ceux de la forêt d'Orient, où des activités nautiques sont également possibles.

Les projets à venir

- Un parcours équestre les ***« Boucles du Coeur du Parc national »*** : 3 boucles conçues en 8 étapes avec gîtes équestres et aménagement de haltes équestres à mi-parcours. Parcours conjoint entre Châteauvillain et Grancey-le-Château avec l'itinéraire culturel européen la Route d'Artagnan.
- ***Un GR de Pays*** qui fait le tour du Parc national sur 230 km reliant les GR existants et œuvrant à la valorisation et à la conservation des patrimoines naturels et culturels d'exception du territoire. À terme, 14 sites accueillant du public inscrits ou classés viendront jalonner cet itinéraire. Ces espaces protégés couvrent des marais tufeux, pelouses sèches, des fonds de combe et de vallon, mais aussi des hêtraies et préservent ainsi les nombreuses espèces qui peuvent y être associées, ainsi que parfois des éléments de patrimoine culturel, notamment des vestiges archéologiques. Une mise en récit globale de l'itinéraire sera proposée permettant un cheminement immersif et instructif tout au long du sentier.

Cigogne noire

LA FORÊT D'ARC-CHÂTEAUVILLAIN

La forêt domaniale d'Arc-Châteauvillain est la plus grande forêt de l'ancienne province de Champagne, bien qu'au cours de l'histoire, elle ait aussi, en partie, appartenu au duché de Bourgogne. Elle est ensuite longtemps restée une possession de la famille royale et n'est devenue propriété de l'État qu'en 1971.
Utilisée jusqu'à son rachat essentiellement à des fins cynégétiques et marginalement à la production de bois d'œuvre, la forêt en présente de nombreux stigmates, au niveau de ses chemins, de la présence de prairies à gibier, ou de sa gestion longtemps restée sous forme de taillis sous futaie, mêlant des brins de taillis poussant sur souche desquels émergent quelques arbres de futaie. Auparavant jusqu'au milieu du XIXe s, l'usage de la forêt pour alimenter les forges à proximité a conduit à son exploitation intensive, laissant peu de vieux arbres debout. Seuls quelques-uns, en limite de propriété, comme le « gros chêne » au sud du massif le long de la D 10, ont été préservés. En parallèle, elle a conservé une forte réputation cynégétique avec d'importantes populations d'ongulés – cerf, chevreuil et sanglier.

Cette forêt va pourtant redevenir un espace phare pour l'expression de la naturalité forestière. Une *réserve intégrale*, la plus grande de France métropolitaine, y a été créée en 2021, couvrant plus de 3 000 ha (presque un tiers de la surface de Paris !) dans lesquels l'exploitation forestière est interdite et toutes les activités contrôlées, y compris l'accès à pied, uniquement possible sur certains chemins. Elle constitue de fait un terrain d'études scientifiques idéal. Comprenant en son sein un vallon très riche en espèces, elle accueille également depuis quelques années un nid de cigogne noire. Le reste de la forêt n'en est pas pour autant dénué d'intérêt, avec de nombreuses espèces forestières dont de belles stations de jonquilles, d'importantes pelouses intra-forestières vers Bugnières ou encore le Parc aux daims à Châteauvillain où ressort l'eau quasi absente en surface de ce plateau forestier. De nombreux itinéraires de randonnée, évitant la réserve intégrale, permettent la découverte de la forêt de feuillus : il faut prendre le temps de les emprunter, de les parcourir à allure modérée, sans perturber le milieu... et alors la nature s'offre parfois à vous : il n'est pas rare, surtout tôt le matin ou en début de soirée, d'apercevoir un animal sauvage ou, quand c'est la saison, d'entendre l'extraordinaire brame du cerf. Sorti de la forêt, vous pourrez poursuivre votre découverte du Parc national en visitant les villages situés autour de la réserve intégrale, ainsi que ceux situés un peu plus à l'Est, du côté de *Faverolles,* là où l'activité humaine se fait plus manifeste ; ou pousser jusqu'à *Chaumont,* ville « porte » qui mérite le détour. Notez que, si elle a véritablement gardé son caractère sauvage, la partie nord du Parc national n'en est pas moins facilement accessible par l'autoroute, ce qui vous aidera à répondre à l'appel de la forêt.
Sa *porte de Cœur*, située en plein milieu du massif en bordure de la réserve intégrale sur la route reliant Arc-en-Barrois à Richebourg, permet une immersion en toute quiétude. À l'ouest, à proximité de Châteauvillain, *la « belle balade »* propose un parcours de découverte d'œuvres d'art à ciel ouvert, tandis qu'au nord la via Francigena permet de randonner de Canterbury à Rome ! Le siège administratif ainsi qu'une *Maison du Parc national* vous accueillent à proximité, à *Arc-en-Barrois* et *Châteauvillain*.

CHÂTEAUVILLAIN (52120) 1 500 hab.

• *Carte Parc national de forêts, C1*

Châteauvillain fait partie de ces communes dont l'histoire est aussi remarquable que méconnue, voire insoupçonnée. Qui l'eût cru ? Ici se dressait au Moyen Âge une puissante forteresse, à la lisière entre le royaume de France et la Bourgogne. Attirée par la protection qu'offre le château mais aussi par l'activité florissante (agricole et industrielle), une population grandissante se réfugie entre ses hauts murs, sans discontinuer jusqu'au début du XIXe s – on recensait 1841 âmes ici en 1800. Puis vient l'exode rural, l'arrêt des usines à fer et fonte, la disparition du vignoble. De cette belle histoire, Châteauvillain, labélisée « Petites Cités de Caractère », conserve des vestiges qu'il faut prendre le temps de découvrir, avant d'aller s'aventurer dans les forêts toutes proches.

Adresse et infos utiles

Office de tourisme : *tour de l'Auditoire, 14, rue Penthièvre. ☎ 03-25-35-13-65. • www.bienvenue-hautemarne.fr • Mer-dim 10h30-12h30, 14h-18h. Loc de rosalies (8 € pour 30 min, 15 € pour 1h). Visites guidées sur résa : ☎ 03-25-35-13-65.* On ne pouvait choisir meilleur endroit pour l'accueil des touristes : dans l'imposante tour de l'auditoire, où une vaste salle accueille également des expositions temporaires de qualité. Si l'agent d'accueil le peut, il vous fera visiter les étages de la tour, en particulier, le dernier niveau accessible par un bel escalier à vis, la salle où sont présentées les œuvres de l'ancien maire de la commune, Jean Rouot (1917-2000), vétérinaire de son état et sculpteur par plaisir.

– ***Service de transport à la demande :*** *Mer hors j. férié A/R Chaumont. Résa jusqu'à la veille : ☎ 03-25-03-95-74. 3 € l'aller, 5 € l'aller-retour. Tous les jeudis, à destination de Châteauvillain, 14h-18h.*

– ***Supermarché, épicerie et pharmacie.***

Où dormir à Châteauvillain et dans les environs ?

Au Clos Saint-Jacques : *45, rue Saint-Jacques. ☎ 03-25-32-21-18 ou 06-48-52-11-41. 85 € pour 2 ; suite 115 ou 125 € pour 3 ou 4 pers. Petit déj compris. Table d'hôtes 23 € (apéritif, entrée, plat, fromage, dessert, vin).* À l'étage de la belle maison en pierre occupée par les propriétaires, une chambre (Pivoine) et une suite parentale (Anémone), chacune avec sa salle de bains. Table d'hôtes tout fait maison à très bon prix. Bel accueil de Nadine et Jean-Louis Dépont, maîtres des lieux, qui proposent également à la location, dans le village, le gîte Simone-de-Beauvoir d'une capacité de 5 personnes *(réservation via le site des Gîtes de France Haute-Marne).*

Le Grand duc : *4, rue du Duc-de-Vitry. Location sur • Gites-de-France-hautemarne.com • 95-105 €/nuit ; 480-540 €/sem, selon saison.* Au cœur de Châteauvillain, un gîte, dans une maison de ville, tout beau, tout neuf, idéal pour une famille avec 2 enfants. Cuisine ouverte et grand salon en bas. Les 2 jolies chambres à l'étage ont chacune leur salle de bains. Équipement bébé.

Logis Joli : *12, rue Saint-Jacques. 06-24-83-18-16. Doubles 160-170 €, linge de maison et ménage compris.* Maison rénovée de 140 m² qui a gardé le charme de l'ancien, et accueil sympathique de Julia et Johann. Au rez-de-chaussée, espace de vie avec cuisine équipée et à l'étage, 4 chambres dont 2 avec salle d'eau privative. Terrasse et jardin avec barbecue, balançoire, ping-pong et pétanque.

Les Lodges du Castel : *28, rue de Penthièvre. 06-11-61-87-32. • gites.fr • 100-150 €/nuit. Accès en autonomie, parking, linge de maison fourni.* Trois appartements à louer pour 6 personnes, rénovés en 2022, dans une grande maison de ville qui abrita autrefois un hôtel-restaurant.

Villa Valdejo *(plan C1) : 19, rue des Jardinots, 52120* **Orges.** *06-14-12-15-19. • villavaldejo.com • À 7 km au nord de Châteauvillain. Doubles 95-110 €, petit déj compris.* Chloé et Pierre ont rénové eux-mêmes de fond en comble la maison familiale... Deux ans de travaux pour un résultat remarquable : la maison de maître abrite désormais 5 chambres portant des noms d'animaux de la forêt, confortables et élégantes. Le petit déjeuner copieux est servi dans la salle à manger ; table d'hôtes *(24 €)* ; salon et petite table pour deux sur la terrasse pour boire l'apéro avec une planche *(16 €).*

Au bord de la Dhuy *(plan C1) : 1, rue Neuve aux Chênes, 52120* **Orges.** *06-62-17-01-15. À 7 km au nord de Châteauvillain. Doubles 75 € (chambre Le Chêne), 95-105 € (chambre La Miellerie), avec lit* king size. *Petit déj compris.* Ici c'est Marie-Christine et Denis qui reçoivent chez eux, au bord de la rivière qui traverse le village. 2 jolies chambres au rez-de-chaussée de leur maison. Surprise à découvrir dans le jardin. Ah oui, Denis est apiculteur, il vous expliquera sa passion et vous proposera son miel !

Les Nymphéas *(plan C1) : 3, rue du Pragey, 52120* **Orges.** *06-08-34-79-87. À 7 km au nord de Châteauvillain. Doubles 92-98 €, petit déj compris. Lit bébé possible.* Véronique et Jean-Pierre proposent 2 chambres d'hôtes – 1 familiale pour 4 personnes, 1 pour 2 personnes – dans leur maison de village, plus précisément dans l'ancienne grange rénovée. Dans le jardin aménagé par leur fille paysagiste, joli bassin avec poissons et nénuphars.

Gîte Vautry *(plan D1) : 1, rue Maréchal-Leclerc, 52120* **Bricon.** *☎ 03-25-03-62-66 ou 07-89-53-83-29. À 7 km au nord de Châteauvillain. 190-290 €/sem, à partir de 80 € le w-e.* Christelle et Christophe sont les

LA FORÊT D'ARC-CHÂTEAUVILLAIN

© SONNET Sylvain / hemis.fr

Châteauvillain

propriétaires de cette coquette maison de village avec son jardin clos de 600 m², au calme malgré la proximité de la route. Salle à manger cuisine au rez-de-chaussée et 2 chambres communicantes à l'étage (1 lit double, 1 lit mezzanine, 1 lit Clic-Clac 1 place).

Où manger à Châteauvillain et dans les environs ?

Boulangerie pâtisserie Pelletier : *47, rue Saint-Jacques. ☎ 03-25-32-92-73. Lun-mar, jeu-dim 6h-19h (18h le sam, 12h30 le dim), fermé mer. Formules 5,90-9,30 €.* Angélique et Nicolas Pelletier ont acheté en 2021 une ancienne brocante à l'entrée du bourg et l'ont transformée en une boulangerie-pâtisserie dont la déco garde l'esprit indus' des lieux. Sandwiches et snacking maison, à déguster sur place.

La Cantine de Simone : *4, route de Châtillon. 06-66-89-65-11. Lun-ven, le midi uniquement. Résa obligatoire. Menus 10-12 €. Brunch, un sam/mois 11h-15h. Simone fait aussi épicerie, lun 9h-15h, mar-ven 9h-18h. Marché de producteurs locaux : 2e dim du mois, avr-oct 9h-13h. Les j. de marché, déj à partir de 12h30 sur résa.* L'un des anciens ateliers de l'usine de bottes en caoutchouc Le Chameau accueille ce tiers-lieu Simone (rien à voir avec Simone de Beauvoir semble-t-il, ce serait juste le prénom de la fondatrice !). À midi, la cantine sert, à tout petit prix, un menu unique (avec alternative végétarienne possible). L'après-midi, c'est café associatif *(mar-sam 15h-19h ; adhésion obligatoire à 0,50 €/an).* Le lieu a gardé la déco industrielle, le mobilier est récup' et vintage, tout est bio et bon dans l'assiette. Chez Simone, « camp d'entraînement artistique », on peut également choper des bouquins ou des magazines (et même acheter et se faire livrer ici des livres), se former gratuitement à l'informatique le vendredi après-midi, acheter des fringues d'occasion *(mar-sam ap-m).* Plein d'ateliers (yoga, tricot, numérique, théâtre, et aussi pour les enfants). Et location de vélos *(locebike.fr).* On n'oublie pas aussi les rencontres, concerts, spectacles... Bref, c'est une fourmilière, dans un lieu improbable comme on les aime.

L'Aujon : *12, rue de Penthièvre. ☎ 03-25-32-92-45 ou 07-87-32-38-48. Mer-dim 9h-22h. Plat du jour 12,90 €, entrées à partir de 7,50 €, plats à partir de 16,90 €, desserts à 6,90 €.* Un couple de Dijonnais a repris les locaux d'une boulangerie fermée depuis deux ans, en plein cœur de Châteauvillain, et a donné à son restaurant le nom de la rivière qui traverse la commune. Karima est aux fourneaux, Marc derrière le bar (ouvert toute la journée), les plats d'une carte courte sont tous faits maison, les portions sont copieuses. Spécialité : la marmite de la mer en tajine, mais on peut demander le couscous, excellent.

L'Europe *(plan D1)* **:** *2, rue Charles-de-Gaulle, 52120* ***Bricon.*** *☎ 03-25-31-06-08. • restaurant-leurope.com • À 7 km au nord de Châteauvillain. Bistrot : lun-jeu 6h30-20h, ven 21h, sam 9h-15h, 18h-20h30. Restaurant : lun-sam, midi uniquement. Plat du jour 8,50 €, menu sur le pouce 9,90 € (omelette + dessert), formule express 10,90 € (entrée + plat ou plat + dessert), menu du jour 12,90 € (entrée, plat, fromage ou dessert), formule bistrot de pays 20 €, burgers à emporter ven-sam soir.* Il y a la 1re salle, qui fait café, épicerie et presse ; la 2e réservée au restaurant ; et les 2 terrasses, dont une ombragée à l'arrière et au calme. L'Europe est labélisé « Bistrot de Pays », avec, à la carte, des spécialités qui font la part belle aux produits régionaux (salade de foie de volaille déglacé au vinaigre haut-marnais, burger au langres, andouillette gratinée au chaource, tagliatelles carbonara langroises...). Accueil sympathique et prix légers.

Où acheter de bons produits à Châteauvillain et dans les environs ?

Vachement Bon *(plan C1) : rue du Châtelet, Montribourg, à* **Châteauvillain.** *06-81-36-33-64. Accueil à la ferme lun-mar, jeu et ven ap-m, mieux vaut réserver par téléphone avant.* Dimitri a créé l'entreprise en 2016, installant son laboratoire dans une ancienne écurie. Il propose des colis de bœuf et de veau de son élevage de blondes d'Aquitaine nourries au foin. Et des salaisons, tout fait artisanalement.

Terroir légumier *(plan D1) : 4, chemin Voie-d'Orges, 52120* **Blessonville.** *06-86-82-94-91 ou 06-34-37-48-44. À 10 km à l'est de Châteauvillain. Vente à la ferme en saison, mar et ven 17h30-19h30.* Xavier (le père), Éloi (le fils) et leur équipe produisent, en mode raisonné, des « légumes frais, sains et respectueux de l'environnement ».

Domaine trufficole des Clairs Chênes *(plan D1) : 52000* **Semoutiers-Montsaon.** *06-46-62-24-20. • domainedesclairschenes.com • À 15 km à l'est de Châteauvillain. Formules découverte à partir de 20 € (cavage), jusqu'à 70 € avec un repas à la truffe.* On est à la limite du Parc national mais, pour des truffes... Depuis 2011, 2 des 170 ha d'une exploitation agricole ont été convertis en truffière. Le fameux champignon se développe au pied des chênes, cèdres, bouleaux, pins noirs, tilleuls, charmes, noisetiers du domaine. Et il revient à Orka, la chienne de la maison, de les débusquer à l'automne, pendant la période stratégique du cavage. Isabelle Devilliers vous accueille et vous explique tout.

Champagne Hudelet *(plan D1) : 14, route d'Arc-en-Barrois, 52120* **Richebourg.** *03-25-31-04-75 ou 06-08-77-36-68 ou 07-87-15-78-79. • champagne-hudelet.fr • À 12 km à l'est de Châteauvillain. Accueil sur rdv.* Alors soyons clairs, les vignes qui donnent naissance à ces bons champagnes ne sont pas ici – on est hors zone AOC –, mais à Rizaucourt, du côté de Colombey-les-Deux-Églises. C'est là-bas que Janine et Hervé, rejoints depuis par Henri – les deux garçons se sont formés à la Viti de Beaune – ont commencé à planter, dans les années 1980, pour atteindre aujourd'hui plus de 4 ha.

Le Pigeon barrois *(plan D1) : 1, route de Blessonville, 52120* **Richebourg.** *09-66-95-06-45. • lepigeonbarrois.com • À 12 km à l'est de Châteauvillain. Accueil sur rdv.* Avant de rencontrer Sandrine et Olivier Noirot, on n'y connaissait absolument rien du tout aux pigeons. Un passage dans leur petit élevage, à côté de leur maison, et nous voilà déniaisés sur ces oiseaux pas si banals, capables de parcourir des milliers de kilomètres à tire-d'aile pour rentrer chez eux, adeptes de la vie en couple, domestiqués de tout temps pour toutes sortes d'usages, logés dans des colombiers qui disaient la puissance de leur propriétaire. Bref, on est devenus colombophilies. Ce qui ne nous empêchera pas de déguster les bocaux préparés par nos éleveurs à base de viande de pigeon, ou d'acheter quelques morceaux à préparer en suivant le livret de recettes offert par la maison.

Les Saveurs d'AnnAlice *(plan D1) : 8 bis, rue de la Levée-de-César, 52120* **Richebourg.** *06-09-35-47-76. À 12 km à l'est de Châteauvillain. Accueil sur rdv.* Bianco Boss a un objectif dans la vie : « Émerveiller nos papilles ». Ça nous va bien. Cet ancien professionnel du bâtiment s'est reconverti dans la production d'huiles, à partir de noix, noisettes – les siennes ou celles de ses clients qui lui confient leur récolte pour qu'il en fasse de l'huile – mais aussi de chanvre ou de cameline, tout bio. Sa petite entreprise, qui porte le nom de ses filles Anna et Alice, utilise le procédé de la pression à froid, qui préserve parfaitement le goût. AnnAlice a aussi inventé une délicieuse pâte à tartiner aux noisettes, 100 % naturelle et sans sucre.

***Les Pigments du Jardin** (plan C2) : rue des Cinq-Voisins, 52120 **Latrecey-Ormoy-sur-Aube.** 06-30-39-08-24. Page Facebook : Pigments du Jardin. À 10 km au sud de Châteauvillain. Vente directe à la ferme le ven 16h30-19h.* Émy s'est lancée en 2019. Elle produit une soixantaine de légumes différents, en pleine terre ou sous serre, en mode bio. Elle fournit la Cantine de Simone (voir plus haut) et vend aussi au marché de producteurs de Châteauvillain.

Allez, on trinque ?

*Les **Visit'apéros.** Infos, programme et réservations : • bienvenue-hautemarne.fr • 11,50 € ; réduc.* Châteauvillain et Arc-en-Barrois, comme Langres et Chaumont, sont le théâtre, l'été venu, de certaines des « Visit'apéros » organisées par l'agence d'attractivité de la Haute-Marne. Le principe est simple : on visite puis on se retrouve en toute convivialité autour d'un pot et de bons produits du terroir.

À voir. À faire

La visite de Châteauvillain** (plan C1)* peut être entreprise au départ de l'office de tourisme, installé dans la tour de l'Auditoire, la seule qui subsiste de la basse-cour du château. L'itinéraire mène devant plusieurs maisons historiques, au ***lavoir des tanneries avec son système unique en France de plancher mobile construit en 1789, devant ***l'hôtel de ville*** et la monumentale ***église Notre-Dame-de-l'Assomption*** (dont la façade est signée Jacques Soufflot, l'architecte du Panthéon à Paris, s'il-vous-plaît) qui se font face, puis devant le plus imposant ***colombier*** du Nord-Est de la France. Finalement, une promenade fort agréable dans une cité dont on se plaît à repérer les traces héritées d'un glorieux passé.

Arrivé face à la ***porte Madame***, la seule de la ville à avoir conservé son allure ancestrale, osez pousser la porte en bois pour pénétrer dans l'immense ***Parc aux daims*** (270 ha) au sein duquel se promènent ces animaux – certaines réglementations ont voulu les enfermer, mais ils évoluent toujours en liberté. Vous pouvez tenter de les apercevoir mais il va falloir faire preuve de patience !

LE CASTOR À CHÂTEAUVILLAIN

« Un de mes plus plaisants souvenirs est un séjour que je fis à Châteauvillain chez une sœur de bonne-maman », raconte Simone de Beauvoir dans Mémoires d'une jeune fille rangée. Françoise Moret, la grand-mère de l'écrivaine, est née et a toujours vécu à Châteauvillain, où Simone de Beauvoir séjourna à plusieurs reprises, pendant ses vacances, soit chez elle, soit chez sa « tante Germaine » qui était en fait une cousine de sa mère.

DANS LES ENVIRONS DE CHÂTEAUVILLAIN

***La belle balade :** • labellebalade.org • Accès libre, visites commentées organisées régulièrement (consulter le site internet). Sentier de 3,7 km, prévoir 1 bonne heure. Départ du parking du Val-Mormant. Le parcours emprunte surtout des chemins aisément accessibles ; certaines courtes portions sont néanmoins pentues, prévoir une tenue et des chaussures adaptées à la randonnée en forêt.*

Suivre les plaques et marques de peinture jaune. Un itinéraire en pleine forêt, jalonné d'œuvres d'art discrètes ou monumentales qui inspirent une réflexion sur l'impact de l'humanité sur l'environnement… et inversement. La belle balade est un parcours évolutif, régulièrement enrichi au gré de résidences d'artistes, née d'un partenariat entre le Parc national de forêts, le tiers-lieu Simone – Camp d'entraînement artistique et l'association Art in Nature.

La belle balade

Fleur de l'atelier de la fleuristerie

Les Sentiers de la Belette : *06-25-49-52-62. • facebook •* Le jardin de l'Éden, bordant la cité médiévale et traversé par l'Aujon, est un lieu de découverte de la nature et de médiation : aventures nature, apprentissage des plantes comestibles, découverte des animaux à la mini-ferme... Une association qui contribue à rapprocher l'homme et la nature. Propose des sorties au départ de Châteauvillain dans le jardin : « Gourmandises sauvages » et au départ de Dancevoir : veillée contée « auprès de mon arbre », enquête sur l'homme dans la forêt.

Le Moulin de la Fleuristerie *(plan C1) : 4, chemin de la Fleuristerie, 52120* ***Orges.*** *07-82-21-21-23. • moulindelafleuristerie.fr • À 7 km au nord de Châteauvillain. Visites guidées juil-août tlj à 10h30, 15h et 16h30.* En entrant dans l'atelier de la fleuristerie, le spectacle est sidérant : la roue à aube fait tourner les machines du XIXe s, l'alimentation électrique est toujours en 110 V, les poulies fonctionnent comme au temps jadis. Une manufacture spectaculaire, où l'on fabrique encore les fleurs artificielles dont a besoin la haute couture française. C'est la toute dernière fleuristerie du pays, tenue avec passion par Annette et Emmanuel Geoffroy. Labélisée « Entreprise du patrimoine vivant », la fleuristerie d'Orges est aussi un lieu qui a su s'adapter aux changements imposés par l'histoire : sans jamais perdre son âme, elle se tourne aussi, aujourd'hui, vers le tourisme et l'accueil d'événements.
Sur place également, une très jolie ***maison d'hôtes :*** *3 chambres (Iris, Marguerite et Trèfle), à partir de 90 €/nuit ; petit déj 10 € ; repas du terroir 25 €. Ainsi que 4 gîtes à partir de 150 €/nuit.*

Le château de Dinteville *(plan C1) : 3, rue du Ruisseau, 52120* ***Dinteville.*** *☎ 03-25-02-78-01. • dinteville.com • À 10 km à l'ouest de Châteauvillain. Juil-août, 13h-19h et pour les Journées du patrimoine, tte l'année sur rdv pour les groupes. Visite guidée 4 €.* Un château bâti au XVIe s autour d'un donjon du XIIIe s, agrémenté d'un parc du XIXe s.

ARC-EN-BARROIS (52210) 723 hab.

• *Carte Parc national de forêts, D2*

Des forêts à perte de vue ! Si le village d'Arc-en-Barrois accueille le siège du Parc national de forêts, ce n'est pas tout à fait un hasard : la commune est véritablement entourée par les bois ; pas moins de 80 % du territoire de la commune d'Arc-en-Barrois est couvert de forêts. Le bourg, qui abrite le siège du Parc national, est donc intéressant pour son environnement naturel préservé. Mais aussi pour son histoire, et les innovations techniques qui l'ont marqué. Au cœur du Parc national, Arc-en-Barrois constitue à la fois une étape incontournable et un point de départ pour découvrir le territoire.

Adresses et infos utiles

Office de tourisme : *2, pl. Moreau ☎ 03-25-02-52-17. • www.bienvenue-hautemarne.fr • Mar-sam 10h30-12h, 14h-18h30.*

– **Siège du Parc national de forêts :** *20, rue Anatole-Gabeur. ☎ 03-25-31-62-35. • forets-parcnational.fr • Lun-ven 9h-12h,14h-17h.* Brochures et infos sur les randonnées et animations.

– **Porte de Cœur** : L'une des quatre « portes du Cœur de Parc national » se situe aux Essarts, près d'Arc-en-Barrois. C'est un abri en bois local de 50 m² dans lequel vous trouverez toutes les informations utiles à la compréhension du territoire, de son patrimoine naturel et architectural. *Trois autres portes à Châtillon-sur-Seine, Auberive et Vals-des-Tilles.*

– **Locebike :** *17, rue de l'Éolienne, 52210* **Bugnières**. *07-71-07-75-03. • locebike.fr • Vélos à assistance électrique haut-de-gamme Moustache Bikes à louer : 38 €/j, 180 €/sem. 5 autres points de livraison dont un à Châteauvillain (Chez Simone).*

– Un service de ***transport à la demande :*** *mer sf j. fériés depuis Chaumont. Résa jusqu'à la veille : ☎ 03-25-01-38-53. 3 € l'aller, 5 € l'aller-retour.*

– ***Épicerie, boulangerie, station-essence, pharmacie.***

Où dormir ?

Camping du Vieux Moulin : *1, route d'Aubepierre-sur-Aube. ☎ 03-25-02-51-33 (mairie). Ouv avr-sept. 13,90-17,80 €/2 pers (voiture + caravane ou tente avec électricité ou camping-car) ; 11,30 € (vélo + tente). Aire de service pour camping-cars : 6 €/j.* Juste à l'écart du village, un tout petit et sympathique camping (33 emplacements) encadré par l'Aujon. Aucun équipement sanitaire excepté le bloc sanitaire mais emplacements bien ombragés et ambiance familiale tranquille.

Domaine du Val Bruant : *06-51-21-70-17. • domainevalbruant.com • Doubles à partir de 90 € ; gîtes à partir de 105 € ; roulottes à partir de 135 €. Petit déj compris. Table d'hôtes 25 €.* 4 chambres d'hôtes, 3 gîtes et une roulotte, sans oublier des tipis, avec spa, en bois, rien que ça : le domaine de Val Bruant, dans un environnement assez remarquable à l'extérieur du bourg, avec des daims à admirer.

Hôtel du Parc : *1, pl. Moreau. ☎ 03-25-02-53-07. • relais-sud-champagne.com • Jeu-dim. Fermetures annuelles en mars et 1 sem en oct. Doubles 85-94 € ;*

petit déj 13 €. 16 chambres dans un ancien relais de chasse, dont certaines décorées dans un « esprit forêt ». Restaurant de l'hôtel *(menu-étape à partir de 25 €, menus gourmets 36-40 €).*

Gîte des Hamy : *ruelle du Moulin. 06-79-83-76-33. • Gite-des-hamy.business.site •* 5 chambres au 1er et au 2e étage, décorées avec goût dans une maison au cœur du village ; et au rez-de-chaussée, cuisine commune, salle à manger et salle de jeux et de lecture. On a même accès au jardin, où sont installés salon de jardin, parasol, barbecue et trampoline. On peut louer toute la maison *(compter 550 €/nuit pour 10 pers, 30 € par pers supp ; à partir de 3 000 €/sem),* ou seulement une chambre *(100 €/nuit).*

Gîte de l'Espérance : *1, rue de l'Espérance.* **Gîte des Deux Frères :** *1, route de Chaumont. 06-11-61-87-32. • gitedelesperance.bookingturbo.com • 120-170 €/nuit.* Pauline et Quentin vous accueillent dans leurs 2 gîtes, dont les Deux Frères (2 chambres et 8 couchages) qui ont ouvert après rénovation complète pendant l'été 2023. À l'Espérance, 3 chambres pour 9 couchages... L'esprit est le même dans les deux adresses : de l'ancien rénové avec goût.

Gîtes de la Maison Paulin : *1, maison Paulin. 06-19-26-48-90 ou 03-25-03-51-94. • gites.fr/gites_les-gites-de-la-maison-paulin_arc-en-barrois_56044.htm • En saison, 300-370 €/sem ; hors saison, 130-170 € le w-e.* 2 gîtes dans 2 bâtisses distinctes d'une ancienne ferme, hors du bourg. La 1re, 110 m² pour 5 à 8 personnes (2 chambres) ; la 2de sur 60 m², pour 4 à 5 personnes (2 chambres également). Petit plus : pain maison au levain à partir de blé ancien local, le samedi matin.

La roulotte de Loïs et Clara : *3, rue Saint-Jacques. 06-08-91-28-08. 90 €/nuit (résa via Booking ou Airbnb).* Le dernier-venu dans l'offre d'hébergement local : cette « tente de luxe » cosy pour 4 personnes dispose de tout l'équipement nécessaire (thé et café offerts), y compris les sanitaires bien sûr, pour un séjour original, dans un quartier résidentiel à l'écart du centre-bourg, donnant sur un pré où paissent des chevaux.

Logis Saint-Hubert : *24, rue de l'Instituteur-André. ☎ 06-80-68-19-79. • gite-arcenbarrois.fr •* Une adresse pour 3 belles possibilités d'hébergements. Un ***gîte de groupe*** avec 5 chambres dans une demeure bourgeoise du XVIIIe s dotée d'une magnifique charpente entièrement restaurée. *Location du Logis (min 10 pers-19 pers max), tarif pour 10 pers : 550 €/nuitée, à partir de la 11e pers, 20 € la nuitée par pers supp. Réduction à partir de 2 nuits et plus.* Le **Gîte des Forêts**, un gîte familial avec 4 chambres *(380 €/nuit, à partir de 2 nuits et plus : 320 €/nuit).* Et enfin, ***le studio***, une belle pièce à vivre avec du caractère situé à l'arrière de la demeure dont la magnifique charpente a été conservée. *Pour 2-4 pers, 120 €/nuit, 390 € pour 5 j.*

Où dormir dans les environs ?

La Maison de Gabrielle *(plan D2) : 23, rue de la Ganterie, 52210* **Giey-sur-Aujon.** *☎ 03-25-02-50-51 ou 06-08-41-58-64. À 7 km au sud-est d'Arc-en-Barrois. À partir de 40 €/nuit.* Madeleine accueille dans une grande maison de village, mitoyenne à la sienne, située dans la rue principale, avec un joli jardin à l'arrière dont on peut profiter. Deux chambres, cinq couchages. Et dans la salle de séjour, une grande cheminée avec un bon feu de bois !

Le Nid de Cigognes *(plan C2) : 1, rue du Moulin, 52210* **Dancevoir.** *06-87-84-36-25 ou 06-79-22-32-16. • leniddecigognes.com • À 13 km à l'ouest d'Arc-en-Barrois). 350 €/nuit, 150 € de ménage obligatoire en sus ; 20 % de remise pour une résa à la sem.* Bernard et Ghislaine tiennent un gîte d'une capacité de 15 personnes plébiscité pour des fêtes de familles déboulant de toute l'Europe. Il faut dire qu'il s'étend sur 330 m², avec, au rez-de-chaussée, cuisine, salon, salle de vie et salle de jeux, 1 chambre (accessible PMR), 4 chambres au 1er étage et 2 chambres communicantes avec salle de jeux au 2e étage, parfait pour les ados. Sauna. Jardin avec terrain de badminton et terrasse ombragée au bord de l'eau. Et le jardin d'été permet d'organiser une fête avec une centaine de convives. Une petite idée du paradis.

Les Pommiers *(plan C2)* **:** *84, rue de Verdun, 52210* ***Dancevoir.*** *• maisonlespommiers.com • À 13 km à l'ouest d'Arc-en-Barrois. 900-1 400 €/sem. Fermé nov-mars.* Belle maison de village datant du XVIIe s, jardin avec barbecue, ping-pong et trampoline, cheminée monumentale dans la cuisine, 5 chambres (10 couchages). La maison a du cachet. Et les pianistes dans l'âme pourront s'essayer sur le Pleyel restauré à disposition.

Pollen & Propolis *(plan C2)* **:** *25, rue de Verdun, 52210* ***Dancevoir.*** *06-80-51-61-45. • andre.mitaut@orange.fr • À 13 km à l'ouest d'Arc-en-Barrois. 240-280 €/ sem selon saison.* Un gîte de plain-pied pour 2 personnes dans une charmante petite maison aux volets bleus avec vue sur un beau jardin potager. Le mobilier en bois a été fait sur mesure par André Mitaut. Il propose à la vente les miels produits par sa trentaine de ruches. Visite de la miellerie possible.

La Maison de Courcelles-sur-Aujon *(plan D2)* **:** *7, rue Pierre-Devignon, 52210* ***Courcelles-sur-Aujon.*** *☎ 03-25-84-41-61. • maisondecourcelles.fr • À 10 km au Sud-ouest d'Arc-en-Barrois.* C'est une immense propriété, ancien couvent du XIXe s, gérée désormais par une association d'éducation populaire qui accueille des colonies de vacances et organise également des événements culturels accessibles à tous (programme à consulter sur le site internet). Bon plan : des « week-ends thématiques pour se retrouver en famille » autour de la cueillette, du cirque ou de la lutherie *(100 € par adulte, 180 € pour 2 pers, 50 € pour le 1er enfant, 40 € pour le 2e, 20 € par enfant supp... pour 1 w-e de 2 j.).*

Où manger à Arc-en-Barrois et dans les environs ?

Boulangerie Lili : *4, pl. Moreau. ☎ 03-25-02-50-40. Fermé lun et dim ap-m.* Du bon pain, des viennoiseries, des petits gâteaux appétissants. Parfait pour le petit déjeuner ou le goûter, sur les tables à l'intérieur ou en terrasse. Des sandwichs, salades et plats chauds pour le déjeuner.

Le Coq d'argent : *rue Gabriel-Peignot. ☎ 03-25-02-54-27. Fermé mar soir, mer et jeu soir. Menu du midi 14 €, plat du jour 8,50 €, menus 25-32 €.* Bonne adresse pour une carte traditionnelle, terrasse au calme dans la cour intérieure.

Au Saint-Loubard – Chez Nada *(plan D2)* **:** *2, rue de la Combe-Gueny, 52210* ***Saint-Loup-sur-Aujon.*** *☎ 03-25-84-76-02. À 10 km au sud-est d'Arc-en-Barrois. Menu du jour 15 €.* Le café-restaurant-épicerie du village, avec sa micro-terrasse sur la rue, sert un menu unique le midi, à la bonne franquette et à tout petit prix.

Où boire un verre à Arc-en-Barrois et dans les environs ?

Club house du golf : *chemin du Calvaire. ☎ 03-25-01-54-54. • golfarc.fr • Ouv tlj en été.* Après la visite du village, c'est la bonne adresse pour se poser au calme, face au green du 9-trous. Également des petits snacks à midi.

Le Bal du Père Bichot *(plan D2) : 4, rue de l'Abreuvoir, 52210* ***Cour-l'Évêque.*** *06-84-35-03-17. • lebaldupere bichot.fr • À 4 km au nord-ouest d'Arc-en-Barrois). Tlj en été 17h-23h ; mai-sept ven-sam 17h-1h30, dim 14h-20h ; le reste de l'année ven-sam 18h-1h30, dim 15h-19h.* « Un bistro avec de vrais morceaux de musique dedans ! » Le slogan fait mouche et traduit bien l'esprit de ce café de village qui renaît de ses cendres depuis que Christophe Fèvre a repris la maison où son grand-père organisait jadis des bals montés (chapiteau déplacé de commune en commune). Jolie ambiance, à l'intérieur comme en terrasse. Des concerts le soir en week-end. Et ne soyez pas surpris si les chattes de la maison, les très câlines Moutarde et Chattemamy, se couchent sur vos genoux pendant que vous sifflez votre Choue.

La Brasserie de Vauclair *(plan D2)* **:** *52210* ***Giey-sur-Aujon.*** *☎ 03-25-01-00-40. • la-choue.com • À 5 km d'Arc-en-Barrois, à droite sur la route avant Giey. En saison, lun-ven 7h-12h, 13h-16h, sam 10h-20h, dim 17h-20h ; hors saison 7h-12h, 13h-15h (fermé le w-e).* La Choue, c'est une institution dans le coin : LA bière de la brasserie de Vauclair, qui rappelle l'histoire du prieuré de l'ordre du Val des Choues. Sur le site même de la brasserie, qu'on visite gratuitement le samedi à 15h, on déguste les 9 bières maison, et on peut en acheter ainsi que des produits régionaux de qualité.

Coco's Bar *(plan D2)* **:** *39, rue du Moulin, 52210* ***Aubepierre-sur-Aube*** *(à 8 km au sud-ouest d'Arc-en-Barrois). ☎ 03-25-01-05-81. Tlj 7h30-12h (sauf lun) et 17h-20h. Bar et épicerie.*

Nul Bar Ailleurs *(plan C2)* **:** *1, rue des Lavoirs, 52210* ***Dancevoir.*** *☎ 09-54-79-36-18. • nul-bar-ailleurs-dancevoir.eatbu.com • À 13 km à l'ouest d'Arc-en-Barrois). Lun et jeu 7h30-13h, 17h-20h, mar 7h30-13h, ven-sam 7h30-13h, 17h-22h, dim 8h-13h,17h-20h. Fermé mer.* Le nom nous a amusés et la petite terrasse de ce café épicerie est parfaite pour se reposer après la visite du village.

Où acheter de bons produits à Arc-en-Barrois et dans les environs ?

L'Abeille Arcquoise : *11, rue de Caulle. 06-88-54-68-91. • vignozzi.lydie@orange.fr •* Guido Vignozzi, propriétaire d'une soixantaine de ruches, vend ses miels (toutes fleurs, forêts, printemps) sur les marchés de la région.

Le Rucher du Barrois : *15, rue Saint-Jacques. 06-48-15-80-18. Miels, farine de blé ancien, grand et petit épeautre, lentilles vertes et corail.* Sébastien Huvig gère environ 500 ruches et produit une large gamme de miels (de printemps, d'érable, d'acacia, de fleurs sauvages, de tilleul, de sarrasin, de sapin...) et aussi des nougats et du pain d'épices produit avec sa farine issue de son propre blé. Il vend lui aussi sur les marchés de la région, en attendant la concrétisation d'un projet de miellerie.

La Cagette Haut-Marnaise : *8, rue des Éleux. 07-78-19-21-74. • qrco.de/lacagettehaut-marnaise •* Paniers de légumes et fruits sur commande, à J-1. Récupération de la commande mar-ven 16h-18h. Mathilde et Benjamin, producteurs de concombres au départ, se sont diversifiés par la suite (tomates, fraises notamment).

Primaflor *: route de Cour-l'Évêque. 06-85-27-72-18. • facebook •* Quand Magali et Benjamin ont repris l'entreprise en 2005, alors qu'ils n'avaient que 17 et 21 ans, c'était uniquement de l'horticulture. Ils ont réintroduit le maraîchage, proposant aujourd'hui des paniers de légumes, livrés ou à emporter – ils sont présents aussi sur le marché de Chaumont le samedi matin.

Rhumarcable : *56, rue Anatole-Gabeur. 06-83-33-06-89. Page Facebook : Rhumarcable. Accueil sur rdv.* Julien, grand amateur de spiritueux, crée ses rhums arrangés depuis 2019, intégrant des parfums variés.

Le Domaine des Rubis *(plan D2)* **:** *52210* **Bugnières.** *☎ 03-25-31-00-95. • domainedesrubis.fr • À 7 km à l'est d'Arc-en-Barrois. Accueil sur rdv.* Jean-Michel Rosselle a quitté l'enseignement pour créer le domaine en 1987, à partir de l'exploitation céréalière familiale. Il s'est diversifié dans la groseille puis s'est spécialisée dans la production de petits fruits et des liqueurs qui vont avec. Aujourd'hui, il exploite 2,5 ha de groseillers et de cassissiers, avec son frère Thierry qui l'a rejoint en 2001. Vins (à apprécier à l'apéritif ou en dessert), jus de fruits et même vinaigres : la gamme est complète.

Le Pain de Courcelles *(plan D2)* **:** *7, rue Pierre-Devignon, 52210* **Courcelles-sur-Aujon.** *06-70-43-51-99. • leboulanger.maisondecourcelles.fr • À 10 km au sud-ouest d'Arc-en-Barrois.* Adrien Ochem, ancien forestier, s'est reconverti comme boulanger, depuis 2018. Son pain réhabilite des blés de variétés anciennes qualifiés et valorise des produits locaux de qualité et écologiquement responsables. Cuisson les lundis, mercredis, vendredis uniquement sur commande par SMS 2 jours avant. *Pains disponibles à partir de 17h dans un local rue du Pré-Gaspard, à* **Saint-Loup-sur-Aujon.**

Les Volailles d'Adrien *(plan D2)* **:** *rue du Pré-Gaspard, 52210* **Saint-Loup-sur-Aujon.** *06-21-55-96-21. À 10 km au sud-est d'Arc-en-Barrois.* C'est un autre Adrien qui élève ici poulets, pintades, dindes – au total 2 500 volailles –, dans de petits poulaillers en plein air, avec une alimentation saine. Il transforme la viande sur place et propose aussi des œufs extra-frais. Sur commande avec retrait à l'exploitation sur rendez-vous.

Aujon Nos Légumes *(plan D2)* **:** *rue du Pré-Gaspard, 52210* **Saint-Loup-sur-Aujon.** *06-36-62-74-42. • lemaraicher.maisondecourcelles.fr • À 10 km au sud-est d'Arc-en-Barrois.* Chez Baptiste, producteur de légumes qui exploite 1 hectare en bio, marché de producteurs tous les samedis matin 10h-12h entre mai et novembre, avec un collectif de 4 autres producteurs labélisés *Esprit parc national.*

LA FORÊT D'ARC-CHÂTEAUVILLAIN

© Céline Lecomte

Ruches à Arc-en-Barrois

Où chiner ?

Yoyo la brocante *(plan D2) : 1, rue de la Porcelaine, 52210* ***Giey-sur-Aujon.*** *07-77-85-99-33. À 7 km au sud-est d'Arc-en-Barrois. Lun-ven 16h-19h, sam-dim 10h-19h.* On a trouvé la caverne d'Ali Baba, et elle est à Giey-sur-Aujon ! Trois ans que Yoyo, alias Yohan Volckaert, récupère, dans les villages et les greniers alentours, meubles et objets... à découvrir dans sa grande maison, sa cour et sa grange, tellement il y en a...

À voir. À faire

Le château : il impressionne par ses dimensions ; il fut construit en 1845 par la princesse d'Orléans pour son frère, le roi Louis-Philippe. Passé sous drapeau néerlandais, il ne se visite pas – on entre juste à l'orée de la cour, ne pas aller plus loin. Juste à côté, ***l'église Saint-Martin*** du XIIIe s mérite un coup d'œil, au moins pour sa belle mise au tombeau du XVIIe s. Et pas loin, jolie maison Renaissance.

Le chemin de mémoire : entre décembre 1914 et février 1919, plus de 3 000 soldats français blessés au front furent soignés à l'hôpital militaire anglais installé dans le château d'Arc-en-Barrois, placé sous la direction de Miss Madeline Bromley-Martin. Un chemin de mémoire ponctué par des plaques pédagogiques rappelle cet épisode. Guide à télécharger sur • *arc-en-barrois.com* •

La machine à vapeur : à la sortie d'Arc-en-Barrois, vous découvrirez la machine construite en 1896 pour faire fonctionner la scierie locale. *En restauration. Rens à l'office de tourisme : ☎ 03-25-02-52-17.*

DANS LES ENVIRONS D'ARC-EN-BARROIS

La Maison Laurentine *(plan D2) : 15, rue du Moulin, 52210* ***Aubepierre-sur-Aube****. 06-06-95-64-55 ou 06-83-69-72-78. • nouvelle-laurentine-expedition.com • À 8 km au sud-ouest d'Arc-en-Barrois.* Centre de recherche et de création artistique créé par Marie-Solange Dubès et Pierre Bongiovanni, la Maison Laurentine accueille des artistes en résidence, qui créent et exposent sur le thème de la relation avec la forêt et la nature. Certaines œuvres présentées dans le jardin sont pérennes. Sinon, expositions temporaires intéressantes, ici ainsi qu'au Chameau à Châteauvillain. Des sorties de résidence réunissent artistes, habitants et visiteurs en toute convivialité.

« JE HAIS LES VOYAGES ET LES EXPLORATEURS »

Ainsi débute le célèbre livre de l'un des plus grands anthropologues français, Tristes tropiques, paru en 1955. ***Lévi-Strauss,*** *un des pères du structuralisme, est enterré au cimetière de* ***Lignerolles,*** *petit village à 14 km au sud-ouest d'Arc-en-Barrois, où il venait se reposer dans sa propriété entre 2 voyages depuis 1964. C'est une tombe toute sobre, très discrète pour ce grand scientifique qui fut académicien.*

Les lavoirs de Dancevoir *(plan C2) : à 13 km à l'ouest d'Arc-en-Barrois. Itinéraire de visite en 2h env.* De tous les villages alentours, celui-ci se distingue par sa rue des lavoirs, qui compte pas moins de 6 lavoirs, autrefois surnommés les « cafés des bavardes » (bon d'accord, ce n'est plus très politiquement correct !). Pour info, Dancevoir est le village où vit Danièle Bour, la créatrice avec Jacques Lebrun de *Petit Ours brun,* bien connu des tout-petits.

FAVEROLLES ET LE NORD-EST DU PARC NATIONAL

• *Carte Parc national de forêts, E2/F2*

Lorsque l'on quitte le cœur forestier du Parc national, on découvre les territoires situés plus à l'est, autour du carrefour autoroutier de Langres, plus agricoles, avec des paysages plus ouverts. Apportant son lot de pèlerins, la via Francigena passe ici, entre le mausolée gallo-romain de Faverolles et les ruines de l'abbaye de Mormant.

Mausolée de Faverolles

Où dormir ? Où manger dans les environs de Faverolles ?

Roulottes et gîte La Cressonnière *(plan E2)* **:** *21, rue de la Cressonnière, 52210* ***Leffonds.*** *06-75-32-72-43. • la-cressonniere.business.site • À 7 km au nord-ouest de Faverolles. Chambres à partir de 70 € pour 1 pers, 80 € pour 2,30 € par pers supp. Roulotte 30 €/nuit. Table d'hôtes 25 €.* Dany et Dominique reçoivent dans leur maison d'hôtes du XVIe s, rénovée et équipée d'un espace bien-être. Deux belles chambres (Alisier et Cornouiller), avec café offert. Les enfants adoreront la salle de jeux. La table d'hôtes privilégie les produits régionaux. Grand jardin avec potager et étang. Refuge LPO. Il y a même un atelier pour réparer son vélo.

Maison Mard'or *(plan E2)* **:** *5, rue de la Mairie, 52200* ***Mardor.*** *06-61-55-21-04. • maison mardor.fr • À 9 km au sud de Faverolles. Chambres à partir de 70 € (la nuit en sem pour les pros), sinon à partir de 80 € (hors saison) ou 90 € (été). Table d'hôtes 27 €.* Sylvie et Pascal ont créé un havre de paix dans leur maison en pierre de taille rénovée dans le style « campagne chic » et donnant sur leur jardin avec piscine. 2 chambres (Plume et Forêt). Table d'hôtes. Attention : la maison n'accepte pas les enfants de moins de 16 ans.

Auberge de la Fontaine *(plan E2)* **:** *2, pl. de la Fontaine, 52210* ***Villiers-sur-Suize.*** *☎ 03-25-31-22-22. • auberge delafontaine.fr • À 5 km au nord de Faverolles. Restaurant fermé lun, sam midi et dim soir. Chambres à partir de 65 €. Menus 14,50-29 €.* 7 chambres confortables et une salle de restaurant rustique pour déguster de bons plats traditionnels dont le burger de l'auberge.

À voir. À faire à Faverolles et dans les environs

Musée et mausolée de Faverolles *(plan E2)* **:** *3, rue du Lingon, 52260* ***Faverolles.*** *Juil-août et mai, juin, sept, w-e et j. fériés 14h30-18h. Entrée : 4 €. Site archéologique libre d'accès dans la forêt (10 min à pied depuis le parking). Animations mer, l'été, infos et inscriptions par l'association Segusia 06-84-86-63-19.* On a découvert ici, presque par hasard, dans les années 1970, les restes d'un des plus grands mausolées de l'Empire romain. Imaginez : un mausolée-tour de 25 m de haut, en pleine forêt ! Commencez par visiter le petit musée, dans lequel sont présentés les vestiges retrouvés sur le site dont des masques absolument magnifiques. On vous expliquera tout sur l'histoire de ce mausolée, et ensuite vous irez voir ce qu'il en reste sur place.

La tuffière de Rolampont *(plan F2)* **:** *à 7 km à l'est de Faverolles, parking gratuit en quittant le village par la D254.* Une balade de 2h environ (11 km) vous attend si vous voulez découvrir l'une des plus belles tuffières de la région. Un escalier naturel monumental, construit par le ruissellement de l'eau au cœur d'une réserve protégée. L'écureuil Tifi rendra la balade plus ludique pour les enfants et plus pédagogique pour les parents *(téléchargement application IDVizit).*

Les ruines de l'abbaye de Mormant *(plan E2)* **:** *52210* ***Leffonds.*** *À 12 km au nord-ouest de Faverolles.* Il faut un peu d'imagination pour concevoir que se dressait ici, au moins depuis le XIIe s, une commanderie majestueuse et surtout un « hôpital-hôtellerie » géré par les Templiers puis par les Chevaliers de l'Ordre de Saint-Jean-de-Jérusalem. On se promène entre les ruines et on admire, sans pouvoir y entrer, l'ancienne salle capitulaire voûtée et étayée. Un projet de restauration du site est engagé.

CHAUMONT

(52000) 22 800 hab.

• *Carte Parc national de forêts, E1*

Au nord du Parc national, Chaumont, préfecture de la Haute-Marne, est une ville vivante au patrimoine intéressant. Le Centre National du Graphisme mérite à lui seul le détour.

Adresses et infos utiles

Office de tourisme : *7, av. du Général-de-Gaulle.* ☎ *03-25-03-80-80.* • *bienvenue-hautemarne.fr* • *Lun-ven 8h30-12h, 13h30-17h.*

La gare de Chaumont se situe sur la ligne Paris-Mulhouse (environ 10 trains/j). Liaisons directes aussi vers Dijon et Reims.

– ***Transports en commun*** de l'agglomération de Chaumont (6 lignes de bus) : • *cmonbus.com* •

– ***Marché :*** *sam mat sous les halles, rue Georges-Clemenceau.*

Où dormir ? Où manger à Chaumont et dans les environs ?

Le Royal : *31, rue Mareschal.* ☎ *03-25-03-01-08.* • *hotel-leroyal-52.com* • *Chambres 74-85 €.* 15 chambres confortables, à deux pas de la gare et du centre-ville.

Côté donjon : *12, rue du Palais.* *06-32-00-12-22.* • *chambres-hotes-chaumont.fr* • *69 € pour 1 pers, jusqu'à 99 € pour 4, petit déj compris.* Martine et Clément vous accueillent

Viaduc de Chaumont

dans un hôtel particulier du XVIIIe s, dans une suite indépendante au 1er étage. Beaucoup de charme.

La Charmotte : *5, rue Dehut, 52000* ***Verbiesles****. À 8 km au sud de Chaumont. ☎ 03-25-30-39-08. À partir de 80 € pour 2.* Pour ceux qui veulent tenter l'expérience de la *tiny house*. Une chambre parentale et une autre en mezzanine (basse de plafond) avec 2 possibilités de couchage supplémentaire pour les enfants, sur des futons. Toilettes sèches. Pas de TV mais tout le confort (cuisine équipée et douche). Jean-Marie qui vous accueille élève des abeilles dont vous pourrez goûter le miel.

Ah l'Italie ! : *26, rue Toupot-de-Beveaux. ☎ 03-25-01-43-64. Formule déj 13 €. Fermé dim et lun.* Épicerie italienne qui propose des petits plats à déguster dans la salle ou sur la terrasse dans la cour.

La Table des Halles : *16E, rue Georges-Clemenceau. ☎ 03-25-01-48-66. • restaurant-latabledeshalles.fr • Formules déj 12-15 €. Fermé dim et le soir sauf ven-sam.* Joli décor de voûtes habillées d'instruments de musique, trois plats du jour chaque midi, simple et bon.

Où acheter de bons produits ?

L'Atout Cœur Fermier : *7, bd Diderot. ☎ 03-25-31-80-70. Page Facebook : latoutcoeurfermier.* On retrouve ici Sandrine et Olivier Noirot, qui tiennent un élevage de pigeons à Richebourg. Ils proposent une large sélection de produits issus des fermes et producteurs haut-marnais.

À voir. À faire

Le Signe, Centre National du Graphisme : *1, place Émile Goguenheim, place des Arts. ☎ 03-25-35-79-01. • cndg.fr • Ouv mer-dim 14h-18h. Entrée gratuite. Visites guidées et ateliers payants sur réservation. Librairie, café.* Il y a une belle histoire entre Chaumont et l'affiche, la ville ayant bénéficié, au début du XXe s, d'un legs important de 5 000 affiches dont certaines de Toulouse-Lautrec, de la part d'un collectionneur acharné, Gustave Dutailly. Expositions vraiment intéressantes. Et depuis 1990, le ***festival international de l'affiche et du graphisme***, devenu une biennale (prochaine édition 2025).

Le tour des Tourelles : c'est la spécialité architecturale chaumontoise : les tourelles, en exergue des façades du centre historique ! Beaucoup ont disparu mais on en admire encore une trentaine, datant des XVIe et XVIIe s. Elles constituent en quelque sorte le fil rouge d'une découverte du cœur de la cité, avec étapes notamment à la ***basilique Saint Jean-Baptiste*** et sur les ***remparts***.

Le viaduc : à l'entrée de la ville, construction imposante datant de 1857 (600 m de long, 50 arches sur 52 m de haut).

DANS LES ENVIRONS DE CHAUMONT

COLOMBEY-LES-DEUX-ÉGLISES (52330) (hors plan par D1)

• *bienvenue-hautemarne.fr* •

À voir

Le Mémorial Charles-de-Gaulle : *☎ 03-25-30-90-80. • memorial-charlesdegaulle.fr • À 26 km au nord-ouest de Chaumont. Mai-sept, tlj 9h30-19h ; oct-avr, tlj sf mar et 24, 25 et 31 déc 10h-17h30. Congés : janv. Entrée : 13,50 € avec la croix de Lorraine ; réduc. 16,50 € avec La Boisserie. Librairie et cafétéria. 2h de visite.* Le général de Gaulle arriva à Colombey en 1934 après avoir acheté le manoir de La Boisserie. Retiré de la vie publique, il y résida de 1946 à 1958, lors de sa traversée du désert, puis, une fois élu président de la République, il y vint très régulièrement. C'est à Colombey qu'il meurt le 9 novembre 1970.
Dans un grand bâtiment à l'architecture moderne, le récit de la vie de Charles de Gaulle, depuis sa naissance à Lille, en 1890 jusqu'à son décès. À travers son parcours se dessine l'histoire de la France pendant toute cette période.
Aujourd'hui, on visite 4 lieux dédiés à l'homme d'État : La Boisserie, le Mémorial Charles-de-Gaulle, la Croix de Lorraine et le cimetière du village où il est enterré.

La Croix de Lorraine : *accès à pied par un escalier monumental.* Culminant à presque 398 m, haute de 44,30 m, elle a été élevée en 1972 dans des blocs de granit rose de Bretagne. De Gaulle avait dit avec humour : « Tout le monde pourra la voir, et comme il n'y a personne, personne ne la verra. Elle incitera les lapins à la Résistance ».

La Boisserie : *fondation Charles-de-Gaulle. ☎ 03-25-01-52-52. • charles-de-gaulle.org • Avr-sept, tlj 9h30-12h45, 14h-18h. Oct-mars, tlj sf mar 10h-12h45, 14h-17h30. Fermé en janv. Entrée : 6 € (16,50 € avec le Mémorial et la Croix de Lorraine).* Au cœur d'un parc verdoyant et boisé de 2,5 ha, c'est une demeure belle et simple, construite vers 1810. De Gaulle ajouta la tour d'angle où se trouve son bureau. La propriété appartenant toujours à la famille, on ne visite que quatre pièces : la salle à manger, le salon, la bibliothèque et donc le bureau où le général écrivit ses mémoires.

La Boisserie

Châtillon-sur-Seine

LA FORÊT DE CHÂTILLON

À l'ouest du Parc national, la forêt domaniale de Châtillon, plus grande forêt domaniale de l'ancienne région Bourgogne, est au cœur d'un vaste massif forestier occupant la « Montagne châtillonnaise », sur la partie occidentale du plateau de Langres.

Son histoire est marquée en particulier au Moyen Âge par son appartenance au duché de Bourgogne, puis par l'implantation, lovée dans un vallon, de l'*abbaye du Val des Choues* qui accueille aujourd'hui un musée-opéra dédié à la vénerie, autre nom de la chasse à courre. Mais la forêt abrite de nombreux vestiges bien plus anciens, remontant notamment aux époques celte et gallo-romaine quand le territoire occupait une position stratégique sur la route de l'étain. Elle conserve aussi la mémoire plus récente de la Seconde Guerre mondiale refuge des maquisards et le lieu d'épisodes tragiques.

Dominée par le hêtre et le chêne, une grande partie de la forêt porte l'empreinte d'une vocation productive affirmée. Sa gestion en futaie régulière offre des paysages de parcelles aux arbres sensiblement de même âge et de même taille. De nombreuses entreprises liées à la forêt prospèrent à sa périphérie, du pépiniériste à l'exploitant forestier en passant par les scieries, le déroulage du bois, la production de charbon de bois ou encore la merranderie pour faire des tonneaux.

Pour autant, la forêt de Châtillon est aussi reconnue pour sa biodiversité, justifiant sa présence dans le Cœur du Parc national de forêts. Sa partie orientale qui abrite cours d'eau, pelouses intraforestières et marais tufeux, est réputée pour présenter la plus grande richesse naturaliste de la région. Elle accueille notamment d'importantes populations de chauves-souris et d'oiseaux forestiers, les rares sabot de Vénus et damier du frêne, ou encore la ligulaire de Sibérie, plante relictuelle des dernières glaciations ! Elle appartient au réseau européen de sites Natura 2000 que chaque État membre de l'Union européenne a la responsabilité de préserver.

CHÂTILLON, VILLE IMPÉRIALE

Bonaparte passa plusieurs fois à Châtillon. La première, en mai 1795, alors qu'il retourne sur Paris pour y retrouver son régiment. Puis, en mars 1796, il réside deux jours à Châtillon-sur-Seine, en route pour prendre le commandement de l'armée d'Italie. Enfin, c'est l'Empereur accompagné de Joséphine, qui repasse le 5 avril 1805 alors qu'il se rend à Milan pour y être couronné roi d'Italie. Le Pape Pie VII le suit quelques jours plus tard. Un obélisque érigé par la ville commémore ces journées historiques pour la petite ville.

Facilement accessible, avec un relief majoritairement en plateau et un bon réseau de routes et chemins, elle se prête aux randonnées pédestres, cyclistes et équestres. Située dans la forêt communale de Châtillon-sur-Seine, à proximité du parcours de santé, sa *porte de Cœur* permet une immersion en douceur. De l'autre côté de la forêt à *Leuglay*, la *Maison du Parc national de forêts - Maison de la Forêt* offre une belle introduction à la forêt par le biais d'expositions et d'animations.

CHÂTILLON-SUR-SEINE (21400) 5 400 hab.

• *Carte Parc national de forêts, B3*

La petite capitale du Châtillonnais, autrefois place forte avancée du duché de Bourgogne, est un joli bourg tranquille baigné par la Seine, dont les eaux sont grossies par la Douix, source vauclusienne qui jaillit au pied d'une falaise en pleine ville. Elle est dominée par son *église Saint-Vorles* qui se dresse fièrement sur son promontoire rocheux. N'hésitez pas à vous promener en ville pour admirer les belles maisons en pierres de Bourgogne qui rappellent sa richesse passée, tout particulièrement dans le quartier ancien en bas de l'église Saint-Vorles, sur les bords de la Seine. Sur cette terre de passage régnait, six siècles avant notre ère, celle que l'on a appelée – faute de mieux, depuis la découverte de sa tombe en 1953 – la « princesse de Vix ». Sa puissance devait être grande, si l'on en juge par l'énorme vase de bronze qu'on lui fit fondre en Grèce et qui fait aujourd'hui l'orgueil du musée du Châtillonnais.

KIKI DE CHÂTILLON

De son vrai nom Alice Prin, celle qui fut la muse de nombreux artistes et une figure du Paris de l'entre-deux-guerres est née en 1901 à Châtillon dans un milieu très pauvre. Arrivée dans la capitale en 1913, elle pose pour Soutine, Foujita, Modigliani et bien d'autres, notamment Man Ray dont elle fut un temps la maîtresse. Reconnaissable à sa coupe de cheveux à la garçonne, elle s'exerça aussi à la peinture et chanta dans de nombreux cabarets. Elle meurt à Paris en 1953.

Adresses et infos utiles

Office de tourisme du Châtillonnais : *1, rue du Bourg.* ☎ *03-80-91-13-19.* • *chatillonnais-tourisme.fr* • *Juil-août lun-sam 9h30-12h30 et 13h30-17h30, dim et j. fériés 10h-14h ; oct-avr mar-sam 10h-12h et 14h-17h (fermé j. fériés) ; sept, mai et juin lun-sam 10h-12h et 14h-17h (fermé j. fériés).* Installé dans la belle maison Philandrier (un humaniste, ami de Rabelais) du XVIe s. Demandez le plan de la ville. Visites guidées de la ville (1h30) « sur les pas des ducs de Bourgogne ». Visite guidée numérique en autonomie avec l'appli Wivisites. En famille, chasse au trésor avec un livret, « le trésor impérial ».

– ***Marché :*** *sam mat, pl. du 8 mai 1945.*

– ***Porte de Cœur :*** en venant de Châtillon, prendre direction Langres D 928 puis prendre la D 16. Au début du parcours santé (2,5 km de marche avec des exercices), un abri en bois issus de forêts du coin constitue la « porte de Cœur » de Châtillon. Ce lieu est dédié à l'accueil du public et à l'interprétation des patrimoines du Parc national.

– ***Station essence :*** ***Auchan,*** *av. Noël-Navoizat ;* ***Intermarché,*** *1 bis Chaude-l'Europe ;* ***Total,*** *12, avenue Herriot.*

– Plusieurs ***pharmacies*** en ville.

– ***Aérodrome : Aéroclub du Châtillonnais,*** ☎ *03-80-91-05-02.* Vol de découverte ou vol d'initiation en ULM ou en avion.

– ***Théâtre Gaston Bernard*** *: pl. du 8-mai.* ☎ *03-80-91-39-51.* • *theatre-gaston-bernard.fr* • *Salle de 550 places.* Présente une programmation variée pour tous les publics.

– ***Fabrique de spectacles Kiki de Montparnasse*** *: 6, esplanade Saint-Vorles.* • *compagniedesgens.fr* • Cette petite salle de 90 places propose du spectacle vivant. C'est aussi

un lieu de création artistique et d'accueil de compagnies en résidence. La Compagnie des Gens, qui gère le lieu, y présente régulièrement ses créations.
- ***Piscine municipale :*** *esplanade Saint-Vorles. ☎ 03-80-81-64-13. À côté du camping. Bassin de 25 m, pataugeoire et espace de remise en forme.*
- ***Atelier and Son :*** *1 bis, rue du Guichet. 📱 06-70-40-10-10. Loc de vélos (VTC et VTT) à partir de 25 € la demi-journée et 45 €/j. Mise à disposition possible dans un rayon de 30 km.*
- ***Supermarché*** et ***épicerie***.

Où dormir ? Où manger à Châtillon et dans les environs ?

Campings

⛺ ***Camping municipal Louis-Rigoly :*** *esplanade Saint-Vorles. ☎ 03-80-91-03-05. • campinglouisrigoly.wordpress.com • Avr-sept. Forfait tente env 14 €. 51 empl. Accueil 8h-12h, 15h-20h. Hébergements locatifs (275-390 €/sem). Emplacements camping-car. Tarif forfait borne : 4 €. CB refusées. Piscine municipale à 200 m (accès gratuit dès la seconde nuit). Livraison de pain tlj à 9h sauf mer.* Un joli site tranquille, derrière l'église Saint-Vorles, ombragé et agréable. Beaux emplacements spacieux et bien séparés par des haies. Bloc sanitaire moderne à l'entrée. Barbecue à disposition. Loc de 2 mobiles home tout équipé pour 4/6 personnes. Local à vélo.

Bon marché

🏠 ***Hôtel Le Saint-Vorles :*** *1, rue du Président-Carnot. ☎ 03-80-81-55-83. • hotelrestaurant-lesaintvorles.fr • Doubles 52-68 €, familiale 75 €.* Sur la place centrale de Châtillon (pas d'inquiétude il y a un double vitrage), dans un bâtiment moderne, pas vraiment glamour mais bien tenu. Des chambres basiques avec salle de bains. Et sous les toits, des familiales avec mezzanine.

De prix moyens à très chic

🏠 ***Auberge des Capucins :*** *2, imp. des Capucins. 📱 07-84-92-96-67. • chambres-hotes.fr • Doubles 115 €, triple 132 €, familiales.* Dans un ancien couvent du XVIIIe s (il n'y en avait pas moins de 5 à Châtillon sous l'Ancien Régime), 5 chambres d'hôtes aux beaux volumes, meublées à l'ancienne et parquetées, avec bouilloire à disposition, salles de bains modernes et WC séparés. On aime bien la bleue en toile de Jouy (lit en 140), plus petite mais ravissante, pour une nuit romantique. Au second, suite familiale pour 5 sous les poutres avec salle de bains dotée d'un beau lavabo en pierre. L'ensemble est desservi par un escalier en fer forgé. Pour les amateurs, salle de billard. Le petit déjeuner est servi dans une vaste salle à manger donnant sur le jardin. Au programme, confitures et yaourts maison, et miel de la région pour bien commencer la journée.

🏠 ***Le Jardin de Carco :*** *4, rue des Avocats. 📱 06-87-55-46-06. Double 130 € (petit dej compris). Parking en face.* À 2 pas de l'ancien palais de justice, dans le quartier de Châtillon autrefois occupé par les notables, ce bel hôtel particulier fut habité par un avocat au XVIIIe s, et l'écrivain Francis Carco y résida un temps avec sa famille dans les années 1900. On pénètre dans une belle cour pavée autour de laquelle s'ordonnent les bâtiments d'habitations et les écuries. 4 grandes et belles chambres (dont une au rez-de-chaussée), élégamment meublées (parquet, boiseries, tapis, tableaux, livres anciens...) vous attendent dont certaines avec vue sur le jardin. On y accède par un majestueux escalier en pierre. Belles salles de bains modernes L'ensemble a du charme et une âme à l'image de la vaste salle à manger pour le petit déjeuner où l'on s'attend à se faire servir par des domestiques en livrés.

L'Évidence : *2, quai de Seine. ☎ 03-80-81-50-73. Fermé mer et jeu et dim soir en hiver. Formules midi en sem 11-23 €, menus à la carte 33 € et 38 €, plats env 25 €.* Dans une petite salle sans prétention, aux tables nappées et bien mises, on se substente d'une bonne cuisine traditionnelle à base de produits locaux, généreusement servie et avec le sourire.

Hôtel-Restaurant de la Côte d'Or : *2, rue Charles-Ronot. ☎ 03-80-91-13-29. Fermé lun-mar. Menu midi 25 € et carte.* Cet ancien relais de poste fondé en 1737 propose une cuisine à base de produits régionaux. En été, penser à réserver une table dans le jardin à l'arrière.

Le Moulin sur la Seine *(plan A2)* **:** *à* ***Étrochey****, à quelques km au nord-est de Châtillon. 06-77-96-42-98. • gîtes-de-France.com • Borne de recharge voiture électrique. Matériel bébé à disposition. Loc de vélos. À partir de 215-280 €/nuit selon saison.* Dans un joli petit village au pied du mont Lassois sur un bras de la Seine, un ancien moulin transformé en un grand gîte de charme (220 m² quand même !) pour 9 pers, doté de 4 chambres (dont une avec 4 lits 1 place, idéal pour les enfants), chacune avec leur douche et toilettes. Dans la cour devant le gîte, les graviers invitent à jouer à la pétanque tandis que dans la grange la table de ping-pong attend les pongistes. L'intérieur, mix d'ancien et de moderne, est très bien équipé et véritablement agréable à vivre même nombreux compte tenu de l'espace. Un billard et un baby-foot feront la joie des amateurs. Et au fond du jardin, un spa et un sauna installé dans un tonneau complètent l'ensemble pour un séjour des plus agréables. Visite possible de la ferme du propriétaire, Michel, où vous pourrez vous approvisionnez en yaourts bio. Bref, un p'tit coin de paradis !

Le Château de Crépan *(plan B3)* **:** *route de Brion, 21400* ***Prusly-sur-Ource.*** *À 1 km du centre de Prusly. 06-17-78-89-22. Loc sur Airbnb.* Dan Walker, d'origine anglaise, est installé en France depuis 1990. Artiste, il fait notamment des collages sur des carnets qu'il collectionne depuis 20 ans et propose des ateliers *scratchbooking.* Sa chienne Polly, épagneul springer, est dressée au cavage des truffes. Il organise de nombreux événements culturels, dont 4 concerts par an. Dan a aménagé 3 chambres d'hôtes dans l'Orangerie (début XIXᵉ) et propose la table d'hôtes avec les produits du potager et les œufs de ses poules. Également 2 gîtes à louer *(avril-oct)*, la Maison du bief (3 chambres doubles), et la Maison du jardinier (2 chambres double et 1 chambre d'enfant). Tous les 2, très lumineux et aménagés avec goût pour un séjour de charme au calme. Dans le parc clôturé, petit lac avec plage en été.

Où acheter de bons produits ?

La Fromagerie du Coin : *28, rue du Maréchal-Leclerc, à Châtillon. ☎ 03-45-22-93-53. Fermé dim-lun.* Beau choix de fromages et tout particulièrement de langres et de monts d'Or.

Epate en Bourgogne *(plan A3)* **:** *Ferme de Combe Noire, 21400* ***Coulmier-le-Sec.*** *À 14 km au sud de Châtillon. 06-74-54-04-42. • fermedecombenoire.eu • Pas de vente à la ferme. Également possibilité de promenade en calèche avec dégustation de vin (sur résa, 115 € de 1 à 6 pers).* Des pâtes épatantes (facile !) labélisées *Esprit parc national,* nature ou parfumées, produites en agriculture biologique à commander en ligne ou à acheter dans les bonnes épiceries du coin.

Les Ruchers de Darbois *(plan B3)* **:** *Petit Darbois, 21400* ***Buncey.*** *06-72-35-90-37. • ruchersdedarbois.fr • À 5 km au sud de Châtillon.* Clothilde et Benoît ont changé de vie en 2019 pour devenir apiculteurs en agriculture bio. Avec une race locale, l'abeille noire, ils produisent du miel de Bourgogne, mais aussi du pain d'épices, des chutneys et des bougies. Possibilité de visiter la miellerie sur rendez-vous.

Association Gren-Le jardin du Viaduc *(plan A3) : 55, rue du Viaduc, 21400* **Sainte-Colombe-sur-Seine.** *☎ 03-80-91-06-48. • association-gren.fr • À 6 km au nord-ouest de Châtillon. Ouv jeu 16h30-18h. Pour les autres points de vente, voir sur le site. Possibilité d'adhérer pour bénéficier de paniers de saison hebdo.* Membre du réseau Jardins de Cocagne, il s'agit d'une association d'économie sociale et solidaire. En plus d'offrir la possibilité d'acheter des bons produits, elle permet à des personnes de s'insérer par le travail notamment par la production et la vente de légumes et de fruits en agriculture biologique (certifiée par Ecocert).

À voir. À faire

Le musée du Pays châtillonnais – Trésor de Vix : *14, rue de la Libération. ☎ 03-80-91-24-67. • musee-vix.fr • Tlj (sauf mar sept-juin) 10h-17h30. Fermé 1er janv, 1er mai, 24-25 déc. Entrée : 7 € ; réduc. Visite commentée passionnante tlj à 11h et 15h en été ; tlj sauf mar à 15h autres vac scol. Livret jeux pour les enfants à télécharger sur le site. Sinon Pass archéo avec le musée de Bibracte et le site d'Alésia. Boutique-librairie.* Installé dans les beaux bâtiments en pierres de Bourgogne de l'ancienne abbaye Notre-Dame, le musée présente de façon chronologique l'histoire de Châtillon dans une belle muséographie à la fois claire et pédagogique. La première salle met en scène une collection d'oiseaux naturalisés de la fin du XIXe s réunie par l'avocat et ornithologue Fernand Daguin, forte de 130 espèces venant du Châtillonnais. Certains de ces oiseaux ont totalement disparu du Châtillonnais au cours du siècle dernier, donnant au Parc national une

Musée du Pays châtillonnais – Trésor de Vix

responsabilité pour la conservation de la biodiversité. Voir aussi quelques pièces d'origine océanienne dont un beau bâton kanak gravé. Également un rare piano à décor arabisant du XIXe s. On entre ensuite dans le vif du sujet au 1er étage, avec ***le fameux cratère de Vix,*** le plus grand cratère en bronze que l'Antiquité nous ait légué. Il fut découvert dans une tombe en janvier 1953 par un agriculteur Maurice Moisson et par un professeur d'histoire René Geoffroy. Daté des environs de 530 av. J.-C, il serait originaire du sud de l'Italie. Ce cratère à volutes, dont les anses représentent la gorgone Méduse, servait à mêler l'eau et le vin lors de banquets. D'une esthétique admirable, il s'impose aujourd'hui encore comme une référence unique et puissante de l'art grec. Un torque (collier) en or, chef-d'œuvre d'orfèvrerie celte, a été découvert dans cette même sépulture. Très finement ciselé, un petit cheval ailé, rappelant Pégase, y est représenté. Plus loin, reconstitution de la tombe dont les objets trouvés à l'intérieur sont présentés en vitrine.
La deuxième partie du musée évoque ***le monde gallo-romain*** avec dans une première salle, sur fond bleu, une série d'ex-voto qui rappellent qu'avec ses nombreuses sources le territoire abritait des sanctuaires. La vie quotidienne est évoquée avec les objets mis à jour à Vertault, principale cité gallo-romaine du Châtillonnais. Voir le joli Bacchus enfant en bronze qui atteste des relations entre les différentes parties du monde romain à cette époque.
La troisième partie du musée présente ***Châtillon du Moyen Âge à nos jours*** avec quelques belles statues polychromes et une collection de bois gravés des XVIIe et XVIIIe s qui servaient à produire des images pieuses. Dans le couloir, voir la vue de Châtillon qui met en évidence la séparation de la ville en deux quartiers bien distincts autrefois.
Le XIXe s est évoqué à travers la figure du ***maréchal Marmont,*** né à Châtillon en 1774 et dont on peut admirer le fier portrait équestre. Il rencontre Bonaparte à Brienne et fera partie du premier cercle de la cour impériale, l'accompagnant dans de nombreuses campagnes militaires. Ce qui ne l'empêchera pas, après la chute de l'Empire, de servir les rois de France comme en témoigne l'épée, cadeau de Charles X. Mais surtout, il va contribuer au développement du Châtillonnais en améliorant de nombreux procédés dans les domaines de la viticulture, de l'élevage et de la métallurgie. Il est inhumé au cimetière de l'église Saint-Vorles. Le XIXe s est aussi la période du ***développement de l'industrie métallurgique*** dans la région grâce au bois, à l'eau et au minerai de fer. En 1845 est fondée la Société des Forges de Châtillon et Commentry (ancêtre d'Arcelor) où Gustave Eiffel travailla quelques mois, son beau-frère en était le directeur. L'exemple de la ***grande forge de Sainte-Colombe-sur-Seine*** en est un exemple représentatif. D'autres natifs du territoire sont présentés tel Claude Ladrey, pionnier de l'enseignement de l'œnologie à la faculté de Dijon et auteur d'un best-seller, *L'Art de faire le vin*, en 1881, Auguste Petit, peintre châtillonnais, plus connu au Brésil. L'arrivée du chemin de fer n'empêche pas l'exode rural et Châtillon est remplacé par Montbard en tant que sous-préfecture. Après la Seconde Guerre mondiale, le territoire amorce un repli. Toutefois, l'industrie de la pierre de Bourgogne et la filière bois restent des atouts pour le territoire.

La source de la Douix : *au départ de l'office de tourisme, prendre la rue du Maréchal-Leclerc jusqu'au pont jeté sur la Seine, d'où l'on bénéficie d'une très belle vue sur l'église Saint-Vorles ; tournez à droite en longeant la Seine jusqu'à l'ancienne porte de la ville, vous serez alors tout près de la résurgence de la Douix.* Savourez le moment présent auprès de cette source vauclusienne qui jaillit dans un cadre boisé. Lieu de culte depuis la Préhistoire, elle est reconnue comme l'un des plus anciens sanctuaires des eaux en Europe. En face, le ***double lavoir à impluvium*** (XIXe s). Puis retournez sur vos pas pour prendre les escaliers qui mènent sous la *tour de Gissey,* ancienne tour du château fort. Prenez à droite pour monter jusqu'à *l'église Saint-Vorles.* Superbe point de vue là encore.

L'église Saint-Vorles : *esplanade Saint-Vorles. ☎ 03-80-91-50-50 (mairie). De mi-juin à fin août, tlj 10h30-12h, 14h30-17h30 ; de mi-avr à mi-juin et sept, w-e et j. fériés 14h30-16h30 ; le reste de l'année, sur résa pour les groupes (☎ 03-80-91-13-19).* Dominant la ville, c'est l'un des plus anciens édifices romans de Bourgogne. Les remaniements successifs n'ont en rien altéré l'austérité et la simplicité de son architecture primitive. À l'extérieur, on remarque la décoration avec les bandes typiques de l'art lombard. À l'intérieur, remarquable et émouvante mise au tombeau du XVIe s. L'église abrite aussi les reliques de saint Vorles depuis le Xe s. La chapelle souterraine est consacrée à saint Bernard de Clairvaux qui aurait reçu un jet de lait de la Vierge Marie après lui avoir demandé « montre-moi que tu es ma mère ».

Le cimetière, derrière le chevet de l'église Saint-Vorles est situé à l'emplacement de l'ancien château fort des évêques de Langres et des ducs de Bourgogne dont il reste quelques vestiges et une partie du donjon.

MANQUE DE VISION

Vorles serait né vers 530 à Marcenay et mort en 591. Il fut inhumé d'abord à Marcenay, puis ses restes sont transférés à Châtillon en 868 pour les mettre à l'abri des invasions normandes. Il aurait dû le prévoir, puisqu'il était réputé pour avoir le don d'ubiquité.

➢ Redescendre ensuite en ville par l'escalier qui se trouve en face de l'église, après une pause sur l'esplanade pour savourer le panorama. Tourner tout de suite à droite par la *rue des Évolots,* d'où l'on peut découvrir les quartiers anciens.

L'église Saint-Nicolas : *ouv tlj.* Elle date du XIIe s et a été bâtie sur le modèle de l'abbaye cistercienne de Fontenay. À l'intérieur, beaux vitraux du XVIe s.

➢ Prendre ensuite la *rue du Maréchal-Leclerc* pour rejoindre le musée. En passant, le *jardin de la Mairie et du Souvenir français,* un parc ombragé avec des jeux pour les enfants et son monument aux morts surmonté d'un fier poilu. Jolie *fontaine* sur la place du Colonel-Marmont.

LA FORÊT DE CHÂTILLON

Source de la Douix

DANS LES ENVIRONS DE CHÂTILLON-SUR-SEINE

Le mont Lassois *(plan A2) : à 7 km au nord-ouest par la D 971, puis suivre le fléchage.* C'est au pied de cette grosse colline (à 306 m d'altitude exactement) dominant le paysage qu'a été découvert le trésor de Vix. Prendre la petite route qui grimpe jusqu'au sommet pour la vue panoramique sur la plaine environnante et la petite ***église Saint-Marcel,*** du XIIe s entourée de son cimetière *(mai-sept, dim et j. fériés slt, 15h-18h30).* Plus loin, plusieurs tables d'interprétation du paysage et une frise historique pour mieux comprendre l'intérêt de cette butte témoin et de son rôle stratégique défensif. Quelques tables de pique-nique. Un chemin de 2,5 km fait le tour du Mont. Site d'envol de parapentes.
Profitez-en pour télécharger l'application « Princesse de Vix » qui explique en réalité augmentée la cité princière à l'âge du fer : • *lacotedorjadore.com* •

Domaine Bouhélier *(plan B2) :* *pl. Saint-Martin, 21400* ***Chaumont-le-Bois****. ☎ 03-80-81-95-97. • bouhelier.com • À 10 km au nord de Châtillon. Label Vignobles & Découvertes. Cave et musée ouv tte l'année sam. 15h-18h. Visite sur rdv 6 €/pers, durée 2h.* Anne et Sylvain sont propriétaires-récoltants de 7 ha de vignes plantés en chardonnay et pinot noir qu'ils cultivent avec leur fils Paul de manière raisonnée dans le respect des sols. Les vendanges se font à la main. Ils ont aussi aménagé dans leur caveau un petit musée fort intéressant que Anne vous fera visiter avec plaisir. Pour faire connaitre leur métier et le crémant de Bourgogne, ils proposent une randonnée guidée pédestre « De la vigne au vin », à travers les vignes (présentation des cépages, explication de la taille...) qui se termine à la cave où l'on vous explique les étapes de la vinification du crémant de Bourgogne. Et bien sûr, dégustation des vins du domaine en fin de visite.

CHAMESSON (21400) (plan A3)

À 10 km au sud de Châtillon, on est tombé sous le charme de ce beau village traversé par la Seine, avec son lavoir couvert, son église et sa mairie, le tout en pierres de bourgogne resplendissantes quand le soleil illumine l'ensemble. Des tables de pique-nique permettent de s'installer pour manger son casse-croûte aux sons des coassements des grenouilles. Le GR2 et le GR213 A se croisent à Chamesson.

Cabinet de curiosités des Z'Uns Possible : *2, imp. Rive-de-Seine. ☎ 03-80-93-21-61. • leszunspossible.com • À l'entrée du village juste avant le pont en venant de Châtillon. Ouv 12-19h, sam-dim de mi-mai à mi-oct et tlj juil-août. Tte l'année sur rdv. Montant libre.* Fabien Ansault s'est installé ici il y a 20 ans désireux de changer de vie. D'une famille d'artistes et collectionneur dans l'âme, il a créé ce musée d'art singulier en transformation permanente grâce aux dons des visiteurs et à ses trouvailles. « Objets inanimés, avez-vous donc une âme ? ». Ici c'est certain car chaque objet à son histoire et l'ensemble forme un lieu unique plein de poésie et d'étrangeté. Dans plusieurs petites pièces en enfilade, sont présentées toutes sortes de curiosités, animaux empaillés, objets insolites, totems créatifs, livres, tableaux, et même un vieux cabinet dentaire, agencés au gré de l'humeur imaginative de Fabien. Prenez votre temps, Fabien, le maître des lieux, se fera un plaisir de vous présenter sa collection, à commencer par le panoramique déroulant dans le café. Il vous parlera aussi avec enthousiasme du Parc national de forêts puisqu'il fut un militant de la première heure avec l'association « Oui au Parc » devenue « Avec le Parc » depuis sa création. Une belle histoire de femmes et d'hommes attachés à leur territoire et soucieux de le faire vivre dans une belle énergie positive comme on les aime.

Fabien Ansault tient aussi le ***Café culturel associatif :*** pour consommer dans « le premier bistrot en amont de la Seine », il faut adhérer à l'association pour un montant libre et symbolique. Quel plaisir de s'installer au bord de l'eau ou dans la petite salle décorée d'objets pour siroter un verre, lire, dialoguer ou se restaurer d'une assiette composée avec les plantes sauvages du jardin. *Assiettes (petite 9 €, grande 14 €) servies de 12h à 19h. Également des planches de charcuteries et de fromages.* Mais ce n'est pas tout. Pour ceux qui veulent prolonger le moment, Fabien propose, derrière le musée, un petit ***gîte pour 2 personnes*** *(16, rue Saint-Roch. 06-40-63-06-85. • legitedeszunspossible.com • 380-450 €/sem ; loc possible à partir de 3 nuits)* dans l'esprit des lieux avec plein de détails insolites et amusants et des œuvres de Fabien. Une jolie petite chambre comme un cocon, une cuisine rustique à l'ancienne avec carrelage au sol, une douche à l'italienne, l'ensemble décoré avec soin et imagination forme, avec son petit jardin (refuge LPO), un havre de paix plein de personnalité.

La Pointerie : les anciens bâtiments abandonnés de la fabrique mécanique de pointes destinées aux constructions parisiennes commencent une nouvelle vie grâce à l'installation de familles bien décidées à faire revivre ce coin du Châtillonnais avec des projets dans l'air du temps, porteurs de sens et de partage. L'association « L'Amicale de la Pointerie » a été créée pour favoriser la découverte du patrimoine de la Pointerie, donner un accès pour tous à l'artisanat local, à l'art et à la culture sous toutes ses formes et promouvoir le partage de savoirs et de savoir-faire. Une belle ambition qui se concrétise par la création d'une boulangerie et l'ouverture d'une guinguette à l'été 2023.
– ***Mi-Ombre*** *: rue de la Pointerie. 06-10-08-68-72. Ouv avr-fin juil, mar-ven 10h30-12h30, 14h30-17h30, sam-dim 14h30-17h, et sur le marché de Châtillon le sam.* Une entreprise artisanale et biologique d'horticulture légumière et ornementale, installée depuis 2022 dans le potager de la Pointerie. Axée sur la permaculture et la sélection de variétés anciennes, Charlotte cultive de jeunes plants de légumes et d'aromatiques issus de semences biologiques, sélectionnés et entretenus pour être résistants au climat parfois rude du Châtillonnais.

MONTIGNY-SUR-AUBE 21520 280 hab

• *Carte Parc national de forêts, C2*

Le village est surtout connu pour son beau *château* et ses jardins qui a fait l'objet de maintes transformations au cours des siècles depuis son édification au XIIe s. Au XIXe s, le village était aussi connu pour l'extraction du fer.
Montigny dispose aussi de 3 *ponts* sur l'Aube dont celui de l'abattoir, le plus long avec ses 9 arches. Il possède aussi plusieurs *lavoirs* dont le joli lavoir couvert du XIXe s doté de 8 arcades en façade (Grande-Rue). Également un tout petit lavoir de forme triangulaire (rue de Verdun, au fond d'une petite impasse).
– *Pharmacie.*

Où dormir ? Où manger à Montigny et dans les environs ?

Camping

⛺ **Camping du Marais** *(plan B2) : plan d'eau de Riel, D 13, 21570* **Riel-les-Eaux**. *📱 06-80-10-32-87. • camping dumarais-riel.com • 8 empl. À 10 km au nord-ouest de Montigny. Camping-car, tarif forfait borne : 4 €. Ouv avr-oct. Accueil 15h-20h. Roulottes 2/4 pers, 66 €/nuit, 400 €/sem en hte saison. Camping 19 € pour 2 pers avec électricité.* Situé dans un cadre champêtre, au bord d'un vaste plan d'eau qui fera le bonheur des pêcheurs (pêche *no kill*) et des baigneurs, voici un camping très agréable qui plaira aux amoureux de la nature. Grands espaces bien séparés par de hautes haies épaisses pour protéger son intimité. Sanitaires dans un bâtiment doté d'une belle charpente-cathédrale apparente. Également 3 jolies roulottes (dont l'une pour 4 pers) avec petites terrasses, très bien équipées (douche et toilettes). Vue sur l'étang coassements des grenouilles le soir, gazouillis des oiseaux le matin, que du bonheur !

Prix moyens

L'Orée du Parc : *9, rue de la Potelle, à Montigny. ☎ 03-80-93-58-48. • fleursdesoleil.fr • 80 € pour 2 et 15 € par pers supp. Gîte min 2 nuits, 50 €/nuit, 300 €/sem. Table d'hôtes sur résa à partir de 12,50 € (plat du jour et boisson). Petit déj écossais 7,50 € en sus. Possibilité de panier repas 7,50 €.* Les Campbell ont quitté leur Écosse natale il y a bien longtemps pour venir s'installer dans ce délicieux coin de Bourgogne. Ils proposent, dans leur maison, une chambre familiale au rez-de-chaussée avec 6 couchages possibles et une salle de bain avec baignoire et une seconde chambre à l'étage pour 2/4 personnes, avec douche, plus calme car donnant sur la cour. C'est un peu vieillot, voir désordonné mais il y a peu de solutions dans le coin. Également juste à côté un petit gîte qu'ils ont restauré fort simplement. Salon-cuisine en bas et 2 petites chambres communicantes dotées de lits simples au 1er avec douche attenante. Pas de jardin, dommage mais un espace ouvert aménagé sous une grange pour prendre l'apéro. Motards et cyclistes bienvenus.

Gîte de la Cabane** et **Gîte du Chêne *(plan C2) : 5, rue du Chêne, 21520* **Veuxhaulles-sur-Aube.** *📱 06-07-84-41-85. À 2,5 km au nord-ouest de Montigny. 350 €/sem (Gîte de la Cabane) ; 650 €/sem (Gîte du Chêne) ; possibilité de louer à partir de 2 nuits 35 €/nuit/pers. Dans tous les cas, apporter ses draps et ses serviettes. Gratuit moins de 10 ans. Label Bienvenue à la ferme.* À côté de la maison d'un couple d'agriculteurs. On accède au 1er gîte, entièrement de plain-pied pour 5 pers par leur garage. Cuisine ouverte sur le salon, petite chambre pour 3 enfants avec lits superposés et chambre parentale avec douche. Petit jardin clos. Le second gîte, plus grand, doté des 8 couchages, dispose d'une entrée indépendante. En bas, une grande pièce à vivre avec son îlot central tandis que 3 chambres et 2 salles d'eau se partagent l'étage. Un excellent rapport qualité-prix pour les petits budgets. Bon à savoir : box et prairie mis à disposition gratuitement pour les cavaliers qui logent ici.

L'Armoise *(plan B2) : sur la D13, à l'entrée du camping ci-dessus, 21570* **Riel-les-Eaux.** *☎ 03-80-93-72-76. ♿ Fermé lun-mar, plus dim soir hors saison. Congés : 3 sem début janv. Menus 32-43 € ; carte.* L'Armoise joue la carte de la qualité, proposant du rafraîchissant avec les produits du potager (belles salades notamment), et des spécialités de terroir savoureuses. De la terrine aux profiteroles d'escargots de Bourgogne, vous ne serez pas déçu, tout est maison, jusqu'aux glaces et au pain. Terrasse verdoyante au bord de l'étang et jeux pour les enfants s'ils trouvent le repas trop long. À l'intérieur, cadre classique sympa, tout comme l'accueil.

Très, très chic

Hôtel Château de Courban** *(plan B2) : 7, rue du Lavoir, 21520* **Courban.** *☎ 03-80-93-78-69. • chateaudecourban.com • À 7 km au sud-ouest de Montigny. Petit déjeuner buffet somptueux. Borne de recharge électrique. Doubles à partir de 159 €, séjour à partir de 189 €/pers la nuit avec 2 petits déj et 2 menus découvertes. Menus 79-145 €.*
Ici tout n'est que luxe (mais attention de bon goût), calme (dans les beaux jardins) et volupté (grâce au beau spa Nuxe® où se faire masser et profiter du sauna et du hammam, indépendant de l'hôtel). Pas vraiment un château mais plutôt une imposante maison de maître du XIXe s recouverte de lierre avec de nombreuses dépendances ajoutées par la suite. La cour avec sa pièce d'eau donne déjà le ton. Les chambres sont réparties dans le bâtiment central et les annexes, certaines avec terrasses privatives, toutes différentes et d'une grande élégance avec meubles anciens, beaux tissus, bibelots. Chambre du pigeonnier originale et romantique dotée de 2 baignoires au rez-de-chaussée et de sa chambre à l'étage avec poutres apparentes et niches pour les volatiles. Dans les beaux jardins, un couloir de nage entouré d'une vaste pelouse et une piscine à débordements dans un très joli cadre. Également un restaurant gastro *(tlj le soir et dim midi)* installé dans l'ancienne grange transformée en orangerie avec une vaste et belle terrasse fleurie en été. Bien entendu, tout cela à un prix.

Où acheter de la vaisselle en bois ?

Atelier de la Faine *(plan C2) : 31, rue Henri-Jurien-de-la-Gravière, 21520* ***Veuxhaulles-sur-Aube.*** *06-72-42-02-20. • atelierdelafaine.fr • Mar-ven 15h-18h.* Artisane, tourneuse sur bois, Nathalie fabrique de la vaisselle en bois de style gallo-romain et médiéval à partir d'essences locales (hêtre, charme...). Possibilité de stages d'initiation au tournage sur bois à la journée tout au long de l'année.

À voir

Le château de Montigny-sur-Aube *(plan C2) : 2, rue de l'Église. ☎ 03-80-93-55-23. • chateaudemontigny.fr • De mi-mai au 1er oct, mer-dim et j. fériés, 12h-17h30. Entrée 8 € avec audioguide, enfant 5 €. Parking gratuit. Ateliers taille des arbres fruitiers et atelier taille des buis et des topiaires (sur résa, 38 €/pers).* Un remarquable monument historique de style Renaissance édifié en 1550, avec son parc à l'anglaise, ses vergers-potagers (labélisés Jardins remarquables) entouré de ses douves remises en eau. On visite seulement les extérieurs en suivant un plan, équipé d'un audioguide.
C'est la châtelaine en personne Mme Marie-France Menage-Small, actuelle propriétaire qui vous accueille. Château fort édifié au Moyen Âge, transformé à la Renaissance, incendié à la

> **UN AMÉRICAIN EN BOURGOGNE**
>
> *En 1918, alors qu'il est élève à l'école d'artillerie de Montigny-sur-Aube, Harry Truman séjourne plusieurs mois au château. Arrivé simple soldat, il repart officier après avoir participé à l'offensive Meuse-Argonne en 1918. L'officier américain deviendra, en 1945, le 33e président des États-Unis.*

Château de Montigny

© Château de Montigny

Révolution, un temps papeterie et restauré au XIXe s par André Martin, un soyeux lyonnais, qui lui donne l'aspect que nous connaissons aujourd'hui avec un décor de colonnes superposées sur la façade nord tandis que la façade sud, côté jardin, est remaniée dans un style néo-Renaissance. Ne pas manquer la ***chapelle Renaissance*** avec sa façade bosselée dûe à Jean Bullant. À l'intérieur, tombeau reliquaire de Jean d'Amoncourt, éclairé de 3 rosaces, voûte en berceau cintré avec une profusion de caissons décorés de figures humaines et animales. Mais le point d'orgue de la visite est sans conteste la découverte du parc avec ses ***jardins potagers et son verger*** conservatoire admirablement restaurés et entretenus par le jardinier en chef Maxime Voizeux et son équipe depuis 2012. On commence par la serre avec des figuiers de différentes espèces plantés de plantes aromatiques à leurs pieds. On découvre ensuite, abrités par de hauts murs, le potager et le verger, reconnus comme un des hauts lieux de l'art de l'espalier nouvellement reconnu au titre du Patrimoine Culturel Immatériel en France. Avec ses fruitiers palissés et ses rosiers grimpants, ses carrés soigneusement entretenus, son verger conservatoire mais aussi de nombreuses fleurs pour l'agrémenter, l'ensemble est une merveille. Les jardiniers amateurs pourront y trouver des idées car ici, tout est étiqueté et référencé. On peut sentir, photographier mais attention on ne touche pas ! N'hésitez pas à poser des questions aux jardiniers présents, ce sont des passionnés. Sur les pelouses du château ont été installées des ruches. Le miel de leurs abeilles est en vente à l'entrée.

IOI *À la Table des Jardiniers :* *mai-oct, le midi, mer-dim. 28 €. Résa recommandée.* Coffret repas, également une version végétarienne, d'une grande fraîcheur composé par une cheffe avec les fruits et les légumes bio du jardin selon la saison, décorée de fleurs comestibles, servi devant l'Orangerie. Délicieux mais pas donné, d'autant plus que la boisson et le café sont en sus. Dégustation possible de sorbets, jus de fruits.

La Commanderie templière d'Épailly *(plan B2)* ***:*** *sur la D 102. Visite sur résa au moins 2 j. avant avec Mme Hiller von Gaertringen. 06-42-90-80-44. • commanderie-templiers-epailly.com • Au bout de la plaine agricole de Courban.* Dès le XIIIe s, des seigneurs offrirent à la commanderie des terres, des prés et des bois. De ce passé, restent la chapelle et une tour du mur de clôture, visibles depuis la route. Les possessions des Templiers, dont l'ordre fut dissous au début du XIVe s, revinrent aux Hospitaliers qui édifièrent par la suite aux XVe et XVIIe s deux granges et un colombier dans la cour. Cette importante commanderie a été restaurée avec passion et ferveur par sa propriétaire qui en assure la visite. À ne pas manquer, car il subsiste peu de bâtiments de ce type aussi complets.

AIGNAY-LE-DUC (21510) 410 hab.

• Carte Parc national de forêts, C4

Le duc, c'est Robert Ier, 1er duc capétien, fils de Robert le Pieux, roi de France, qui reçut le duché de Bourgogne en 1033 et habita le château d'Aignay. Au XVe s, le pays était un centre de commerce de draps, toiles et cuirs très important. Les guerres de religion et les invasions lui furent fatales. Reste aujourd'hui un paisible et joli village peuplé de belles maisons du XVIe s disposées en espaliers avec la rivière la Coquille en contrebas, et doté de plusieurs lavoirs restaurés.

Adresses et infos utiles

– ***Point info :*** *place de la Mairie.*
– ***Épicerie, et marché :*** *ven mat.*
– ***Station essence et pharmacie.***

Où dormir ? Où manger ?

Chambres d'hôtes La Demoiselle : *4, rue Sous-les-Vieilles-Halles. ☎ 03-80-93-90-07. • maisonlademoiselle.com • Double 60 €. Table d'hôtes sur résa 25 €, tt compris.* Belle maison de maître du XVIIIe s sur les hauteurs du village. Repas servi près de la cheminée, dans le séjour plein de caractère. Quant aux chambres, elles sont à l'image de la maison : rustiques, classiques et joliment meublées d'ancien. Jardin avec vue sur le village et l'église du XIIIe s.

Chambres d'hôtes de Michèle : *2, rue de la Galopine. 06-44-03-22-00. 60 € pour 2, couchage supplémentaire possible (30 €/nuitée). Table d'hôtes sur résa (25 €/pers).* 2 chambres d'hôtes dans une belle bâtisse en pierres, chacune avec entrée indépendante. Celle située au 1er étage est parfaite pour les familles jusqu'à à 5 personnes. En rez-de-jardin, une grande salle de vie avec cheminée et petite courette pour manger dehors.

Maison Michaut : *5, rue d'Archeron. ☎ 03-24-71-83-03-65. • Maison-michaut.com • Location en entier (15 pers), 2 j. min. Vac scol 650 €, hors vac 550 €.* Construit vers 1870, ce fut un hôtel-restaurant jusqu'à sa fermeture en 1990. Depuis, le batiment a été relooké par ses nouveaux propriétaires qui l'ont transformé en gîte dans un esprit moderne et confortable tout en conservant certains mobiliers de son passé. L'ancienne salle de restaurant devenue salle à manger a conservé son bar d'origine en bois et son carrelage. Les 7 chambres, réparties sur 2 étages, sont dotées de beaux lavabos anciens. L'ensemble est lumineux, spacieux, très agréable pour des réunions de famille d'autant plus que le grand salon permet de se retrouver autour de la cheminée. Un jardin complète l'ensemble.

Où acheter de bons produits ?

Éclisse Et Brindille *(plan C5)* ***:*** *M. Gérard Bisiaux, 2, rue De Bèze, 21510* ***Étalante****. Visite sur rdv. ☎ 06-59-34-11-02. • eclisseetbrindille.fr •* Articles en vannerie sauvage travaillés sur place avec les techniques d'autrefois. Paniers, corbeilles, mangeoires pour les oiseaux, suspensions, ... en noisetier, viorne, troène sauvage, cornouiller sanguin, fusain, lierre...

L. M. Chardon, production, récolte et utilisation de plantes tinctoriales *: Ferme Pré du Soult. ☎ 06-37-80-07-28. • lmchardon-creation.com •* Marion Talpin propose des créations issues de plantes cultivées et cueillies dans le nord de la Côte-d'Or. Également des kits pour apprendre à faire soi-même des teintures sur tissus.

À voir

L'église Saint-Pierre-et-Saint-Paul : construite au XIIIe s, est une des plus belles du Châtillonnais, avec un somptueux retable Renaissance en pierre, où sont gravées 9 scènes de la Passion sculptées en haut-relief, peintes et dorées. Remarquer aussi le baptistère avec l'emplacement pour le célébrant.

Le lavoir de la margelle : avec une voûte en arc en plein cintre et une piscine rectangulaire. L'eau s'écoule par un canal en pierre. À côté, la maison du tanneur reliée par un sentier lumineux. L'ensemble est mis en valeur par un bel éclairage.

DANS LES ENVIRONS D'AIGNAY-LE-DUC

Le cirque de la Coquille** (plan C5) : à **Étalante** (21510), à 5 km au sud-est d'Aignay-le-Duc par la D 10.* Au bout d'un petit chemin carrossable *(parking, w-c)* on découvre ce site spectaculaire. Une grande prairie ceinturée par un cirque d'éboulis calcaires dans lequel coule la source de la coquille. Un ***sentier de découverte *(1 km)* permet d'en faire le tour et d'accéder au sommet. Flore de milieux secs donc (papillons, sauterelles...) à observer d'avril à juin. Avec ses tables, l'endroit est idéal pour pique-niquer. *Visite virtuelle possible : • cen-bourgogne.fr •*

➢ Pour les marcheurs, le ***circuit de la Coquille***, qui fait le tour des nombreuses fermes isolées, bâties pour la plupart aux XVIe s et XVIIe s. Celle de *La Pothière,* sur la D 901, plus près d'Aignay-le-Duc, une belle ferme forte (XVe-XVIe s), étant la plus connue *(départ du parking d'Aignay-le-Duc, 12 km, 4h30 facile, balisage jaune).*

Cirque de la Coquille

LA VALLÉE DU BREVON

La route d'Aisey à Rochefort suit le Brevon, assez large par endroits, mince filet d'eau à d'autres. Elle serpente dans un joli paysage vert et vallonné souvent en sous-bois.

Adresse utile

Le Chant Boréal *(plan B4) : 17, rue de l'Église, 21400* ***Aisey-sur-Seine****. 07-67-44-54-45. • lechantboreal21@gmail.com* • Poissonnerie ambulante qui privilégie les pêches françaises et d'Atlantique Nord-Est, de ligne et de petits pêcheurs. Le camion boutique est présent le matin dans le Parc national sur les marchés de Aignay-le-Duc *(ven)* et Châtillon-sur-Seine *(sam)*.

Où dormir ? Où manger ?

Hôtel-Restaurant du Roy *(plan B4) : 1, rue Rougeot, 21400* ***Aisey-sur-Seine****. ☎ 03-80-81-84-01. • hotelrestaurantduroy.fr • Doubles 79 € (avec douche)-99 € (avec bains). Formules midi 14-18,50 €, menus 25-30 € avec fromage. Resto fermé dim soir, lun et mar midi.* Un des rares hôtels du coin. Un dédale de petits escaliers pour accéder aux 8 chambres simples mais confortables avec bouilloire dans certaines. Salles de bains un peu datées. Au restaurant, bonne cuisine de terroir servie dans la cour aux beaux jours ou dans 2 salles agréables. Également une salle bistrot-bar.

La Nouvelle Arche *(plan B4) : 2, rue Haute, 21400* ***Aisey-sur-Seine****. 06-18-04-15-56. • lanouvellearche.fr • Min 3 j., 1 500 €/sem. Plus participation de 30 €/j. au chauffage. 5 chambres à thème pour 15 pers max.* Alexandre, ancien artisan parisien, devenu coach sportif a restauré la maison familiale pour en faire un gîte assez exceptionnel. Collectionneur dans l'âme, tout a été chiné, soigneusement pensé, décoré et installé par ses soins avec goût et intelligence. Suivez le guide. Au rez-de-chaussée, la cuisine est équipée d'un piano à bois et à gaz, la salle à manger et le salon forment un bel ensemble pour se rassembler. Également un piano, mais celui-ci pour les artistes d'un autre genre. 2 gros poêles à bois Godin chauffent l'ensemble. On y trouve une 1re chambre avec sa salle de bains sur le thème des *Pieds Nickelés* avec bien sûr des albums à disposition mais pas que. Au 1er, chambre Jules Verne, sous les combles avec pierres apparentes mais surtout plein d'objets détournés et de détails amusants en référence à l'univers de l'écrivain. Autre auteur mais d'un autre style, la chambre Marcel Proust, tout en douceur et la chambre Lewis Caroll avec ses tapisseries évoquant *Alice au Pays des Merveilles*. Et enfin, la chambre familiale, Train de nuit avec une superbe collection de trains et bien sur des objets se rapportant à ce thème. Sans oublier, 2 belles salles de bains en vis-à-vis, pleines de charme avec double vasque. Mais ce n'est pas fini, dans la grange, Alexandre a rassemblé une collection de vélomoteurs des années 1950-1960 qu'il remet en état pour proposer à ses hôtes des balades *(30 mn, 10-20 €)*. Nostalgie quand tu nous tiens ! Prêt de vélo mais aussi table de ping-pong et baby-foot. Dans le jardin, lapins, canards, et plus loin dans le pré, de belles salers sans oublier un potager pour les gourmands. Difficile de ne pas tomber sous le charme !

Domaine de la Chouette *(plan B4) : sur la D 29, à quelques km au sud-est de Aisey-sur-Seine. 06-42-59-10-77 et 06-12-39-88-82. • domaine-de-la-chouette.fr • À partir de 240 € 2 nuits min pour les gîtes 4 pers ; 650 € pour 2 nuits min pour le gîte 12 pers. Tarifs dégressifs. Linge de maison et ménage inclus. Arrivée avec boîte à clefs.* Installés depuis peu dans la région, Virginie et François ont transformé les anciens bâtiments des ouvriers de la pisciculture en gîtes simples et fonctionnels. En bordure de la route, mais rassurez-vous très peu de passage, 3 gîtes dont 2 pour 4 pers chacun avec cuisine et salle d'eau au rez-de-chaussée et 2 chambres communicantes à l'étage sous les combles. Le 3e gîte est un gîte collectif pour 12 pers avec pièce commune en bas et 12 lits simples répartis dans 4 chambres à l'étage. De l'autre côté de la route, l'ancienne pisciculture que les nouveaux propriétaires ont l'ambition de remettre en état pour y créer à terme un circuit de pêche. Ils ont déjà réhabilité la grande et haute salle, située au-dessus de l'écloserie et des bassins, qu'ils louent pour des activités culturelles uniquement. En attendant, on peut toujours pique-niquer, se balader dans le domaine et pêcher *(no kill)* en barques (mises) à disposition sur l'étang ou dans la rivière sur le parcours privé. Carte de pêche à acheter sur place.

Gîtes et chambres d'hôtes Le Petit Bonheur 21 *(plan B4) : 34, rue du Roi, 21510* ***Saint-Germain-le-Rocheux.*** *À 10 km à l'est d'Aisey-sur-Seine par la D 29. 06-29-94-80-27. • Lepetitbonheur21.com • 70 € pour 2 pers, petit déj compris, 18 € par adulte supp, 15 € par enfant. Table d'hôtes 26 €, enfant moins de 12 ans 15 €. Possibilité de panier repas 10 €/pers. Loc de vélo 15 €/j. Animaux bienvenus et accueil cheval (10 €/j.).* ***Donkey'Ânes :*** *balade accompagnée dans le village 20 €/âne ; formule découverte (pansage, promenade, découverte de l'animal) 30 € ; formule demi-journée 40 € et journée 60 €. Pour plusieurs jours avec bivouac demander un devis.*
Un grand corps de ferme repris et restauré par Michel et Esther, d'origine néerlandaise. Arrivés depuis 8 ans dans la région, ils ont mis toute leur énergie dans l'aménagement de l'ensemble. Dans le premier bâtiment, 5 chambres d'hôtes au 1er étage sur des thèmes différents avec de jolies salles de bains modernes bien agencées. En montant, admirez la rampe en bois d'un seul tenant. On a un faible pour la grande chambre Savane avec son lit sous moustiquaire et sa déco africaine. La suite royale ressemble à un petit appartement avec son entrée et dans la salle de bains sa baignoire à pieds de lion. Dans l'autre bâtiment, un gîte confortable fort joliment et intelligemment aménagé avec beaucoup de bois pour 4/8 personnes avec une chambre en bas et une jolie chambre pour 4 à l'étage évoquant la Savoie natale de Michel. Terrasse au calme avec vue sur la campagne. On est peinard ! Table d'hôtes sur demande préparée par Esther avec des produits frais et bons petits déjeuners servis dans la grande salle commune. De plus, Michel et Esther élèvent une dizaine d'ânes et proposent des prestations sur mesure de la simple balade de quelques heures au bivouac sur plusieurs jours. À discuter selon vos envies et vos disponibilités avec Michel. Un couple plein de projets et d'énergie. « Never stop dreaming » telle est leur devise qu'ils appliquent ici.

Le Moulin saint-Germain *(plan B4) : à* ***Saint-Germain-le-Rocheux*** *sur la D29 en direction de Rochefort-sur-Brévon au bord du Brévon. ☎ 03-80-93-29-70. • moulin-de-saint-germain.com • Doubles 83 € et 78 €. Avec petit-déj.* Une première chambre d'hôtes pour 2/3 pers, aménagée dans le gîte du Meunier, et une seconde indépendante, aménagée dans l'ancien four à pain du Moulin. Chacune avec salle de bains et WC. Ambiance rustique et grand jardin au bord de la rivière.

Rochefort-sur-Brévon

© Rozenn KREBEL

À voir dans les environs

🚶🚶 ***Rochefort-sur-Brévon*** *(plan B4)* **:** *à la lisière sud de la forêt domaniale de Châtillon.* Un joli village autour d'un étang, et l'un des sites les plus admirables du Châtillonnais, marqué par l'ancienne activité sidérurgique avec des édifices encore très préservés et le magnifique château du maître de forges qui, dans le fond du paysage, domine le village. Voir aussi le cimetière derrière l'église avec ses stèles perdues dans les herbes qui s'accrochent à la pente. Romantique en diable ! L'ancien château de Rochefort-sur-Brévon fut édifié vers 1828 avec des pierres provenant de la maison du prieur de l'abbaye du Val des Choues et rebâti sur un éperon rocheux à l'emplacement de l'ancien château fort dont il reste quelques vestiges comme le colombier.
➢ Un ***circuit en boucle*** au départ de Rochefort *(9 km, 2h30, niveau moyen, balisage jaune)* permet de faire le tour du site sous un couvert forestier en passant par Beaulieu et des petits hameaux.

🚶 ***Beaulieu*** *(plan B4)* : au creux d'un vallon, Beaulieu possède un *lavoir* sous la mairie qui présente des outils de sabotier et une *église* dominant la campagne du haut de sa butte.

LEUGLAY

(21290) 410 hab.

• *Carte Parc national de forêts, C3*

C'est dans ce village aux belles maisons anciennes, traversé par l'Ource, un des affluents de la Seine, que s'est installée la Maison de la Forêt. On trouve là encore une église construite par les Templiers et vendue au XVe s aux moines de la chartreuse voisine de Lugny. Ne se visite pas. La chartreuse elle-même fut fondée au XIIe s par des moines venus de la Grande Chartreuse en Isère. C'est aujourd'hui une propriété privée.

Adresses utiles

– ***Épicerie et boulangerie :*** *à* ***Leuglay.***
– ***Marchés :*** *à* ***Chambain,*** *à 13 km à l'est de Leuglay, mer et ven soir ; à* ***Recey-sur-Ource,*** *à 10 km au sud-est de Leuglay, sam mat.*
– ***Station essence :*** *à* ***Recey-sur-Ource*** *et à* ***Voulaines-les-Templiers.***
– ***Piscine municipale :*** *à* ***Recey-sur-Ource,*** *☎ 03-80-81-02-06 (mairie) en juil-aout. Pataugeoire et bassin en plein air, à côté du lac du Docteur-Parisot. Ouv mar-jeu 14h-19h30, ven-dim également le mat 10h-12h30. C'est ici qu'il faut s'adresser pour le camping.*
– ***Locebike :*** *17, rue de l'Éolienne, 52210* ***Bugnières.*** *📱 07-71-07-75-03. • locebike.fr • Vélos à assistance électrique haut-de-gamme à louer : 38 €/j, 180 €/sem.* ***4 autres points de livraison dont un à Voulaines-les-Templiers.***

Où dormir ? Où manger à Leuglay et dans les environs ?

Camping

⛺ ***Camping municipal de Recey-sur-Ource*** *(plan C3)* **:** *☎ 03-80-81-02-06 (mairie). Ouv juil-aout. Comptez 10 € pour 2 pers avec tente + 2 € pour l'électricité. Accueil à la piscine (voir plus haut).* 18 emplacements sur un terrain herbeux à côté du stade de foot et près du lac du Docteur-Parisot. Bloc sanitaire avec code.

Bon marché à prix moyens

Gîtes de la gare de Leuglay *(plan C3)* **:** *rue de la Gare, ☎ 03-80-45-97-15. • gites-de-france-cotedor.com • Compter 294-413 €/sem selon saison. Possibilité de louer à partir de 1 nuit si disponibilité au dernier moment : 120 €/nuit. Chauffage à rajouter en hiver.*
On y accède depuis l'ancienne maison du garde barrière par une allée de platanes. La mairie a eu l'excellente idée d'installer ces 5 gîtes cubiques en bois et aluminium près des anciennes voies ferrées désaffectées pour accueillir les voyageurs désormais en voiture. L'intérieur, rationnel, est parfaitement bien conçu. Le rez-de-chaussée (avec cuisine et salle d'eau) en béton ciré est éclairé par une baie vitrée et chauffé par un poêle à granulés. Une chambre à l'étage et un canapé-lit dans le salon permettent de loger 4 pers max. Les gîtes sont en bois aggloméré avec chacun une couleur dominante différente et une petite terrasse. L'accueil se fait dans l'ancienne gare qui abrite désormais la buanderie et une grande salle à manger qu'il est possible d'utiliser en groupe. Un peu plus loin, dans l'***ancienne halle marchandise*** réhabilitée, une œuvre de Nancy Rubins, prêtée par le FRAC de Bourgogne. Enfin, « ***le chemin de fraîche fontaine*** » (300 m), accessible aux personnes à mobilité réduite offre la possibilité d'une agréable balade dans la campagne alentour. Tables de pique-nique.

Chambres d'hôtes L'Abbaye du Val des Choues *(plan C4)* **:** *21290* ***Essarois.*** *☎ 03-80-81-01-09. • abbayeduvaldeschoues.com • Au cœur de la forêt ; prendre la route des Étangs depuis Voulaines-les-Templiers. Mars-oct. Double 110 € ; suite familiale 130-170€. Petit déj compris.* En voyant ces chambres d'hôtes aménagées dans les anciennes cellules, les frères convers n'en reviendraient pas ! Les 2 chambres sont décorées à l'ancienne. La bleue, élégante, pour un couple d'un côté, et de l'autre la suite familiale saumon dotée d'une chambre pour les enfants et d'une salle de bain avec baignoire. Quel bonheur d'ouvrir sa fenêtre, le matin, sur la vaste cour de l'abbaye fleurie de roses et égayée par le chant des oiseaux, avec la forêt alentour ! Attention nombreux mariages et réceptions en été. Balades jusqu'à l'étang voisin des Marots.

Les villas du Parc *(plan B3)* **:** *2, route de Villiers sur la D 112. À la sortie de Vanvey en direction de Villiers-le-Duc. 📱 06-82-39-83-05. • lesvillasduparcenbourgogne.com • En sem, 300 €/nuit/maison (min 2 nuits), w-e 950 €/maison, la sem (sam-sam) 1 200-1 600 €/maison. Matériel bébé sur demande. Ecolabel européen. Panier d'accueil. Prêts de vélos.* C'est l'histoire d'un coup de cœur, celui de Nathalie qui décide en 2017 d'acheter ce domaine de 17 000 m² sur lequel se dressent 2 villas édifiées sous Napoléon III par un riche tailleur de pierre. Changement de vie radical pour la nouvelle propriétaire, qui se lance avec passion dans la restauration de ces 2 superbes bâtisses. Le résultat est magnifique. À tout seigneur, tout honneur, commençons par la maison de maître, la ***Villa 1892*** – son année de naissance –, de 160m², construite en brique et en pierre, et incrustée de céramiques. Précédée d'une belle cour d'entrée, on y accède par un double escalier menant à un perron. À l'intérieur, un grand salon et une salle à manger lumineuse donnant sur le parc et pouvant accueillir jusqu'à 20 personnes. Éclairages dans les corniches, parquets huilés, tout a été pensé dans les moindres détails. À l'étage, 4 belles chambres, certaines avec double exposition, et 2 en suite. Également un sympathique dortoir pour les enfants conçu en bois local. Dans les salles de bains (dont une avec baignoire) linge des Vosges et ambiance Belle Époque. L'ensemble a été décoré avec goût et raffinement dans l'esprit des lieux (meubles anciens, beaux rideaux) avec quelques touches modernes et colorées çà et là. Le vaste parc et la grande pelouse invitent à la détente et à la rêverie. Au fond du jardin, la ***Villa des Promenades,*** l'ancienne maison des domestiques (qui étaient somme toute fort bien logés), a été totalement réaménagée, plus moderne, mais avec tout autant de goût. En bas, le logement du jardinier est devenu une grande pièce traversante avec un sol en carrelage et une belle cheminée, prolongée par la cuisine installée dans les anciennes écuries. Également une chambre avec sa douche personnelle. Au premier, 3 chambres (dont 1 avec 4 lits) et une salle de douche auxquelles on accède par une coursive extérieure. Jacuzzi dans le jardin derrière. On a aussi beaucoup aimé le poulailler aménagé en une ravissante petite salle de jeux pour les enfants. Également une table de ping-pong et des jeux à disposition dans une grange attenante. Bref, vous l'aurez compris un lieu exceptionnel pour lequel nous avons eu, nous aussi, un vrai coup de cœur !

Maison d'Arts et d'Hôtes *(plan C3)* **:** *8, rue de l'Église, 21290* ***Voulaines-les-Templiers.*** *06-60-93-88-41. Pour 6 pers (2 chambres doubles et 2 lits simples en mezzanine) : 270 €/nuit, 2 nuits obligatoires. 1 500 €/sem. Dans le village, en face de l'église et de la mairie.* Derrière leur maison, Agnès et Patrick, respectivement artiste et galeriste, ont réhabilité une ancienne grange en la transformant en un gîte atypique et original sur 5 demi-niveaux dont un séjour-cathédrale avec mezzanine. La maison et la cour pavée sont décorées des œuvres données par les différents artistes qui exposent dans leur galerie d'art et d'or à Châtillon-sur-Seine. Peintures et sculptures, beaux meubles donnent un cachet certain à l'ensemble. Dans le jardin, une piscine et un spa vous attendent sous la serre d'avril à septembre. En prévision, un gîte pour 2 pers au fond du jardin dans le même esprit.

© Rozenn KREBEL

Voulaines-les-Templiers

***La ferme d'Aulot** (plan C4) : 21290 **Bure-les-Templiers.** À quelques km au sud-est de Bure. ☎ 03-80-81-01-64. • lafermedaulot.fr •* Installée dans un hameau restauré tout en pierre, cette association organise séjours de vacances et classes découvertes, accueille des artistes en résidence, et propose des cours d'équitation. Possibilité également à certaines périodes de l'année de louer des gîtes pour le w-e *(20 pers min à 60 pers max, sur devis).*

***Les Fumerons** (plan C3) : 1, rue de Valverset, à **Leuglay.** 03-80-81-82-28. • restaurant-lesfumerons.fr • Fermé les soirs w-e (et à 20h en sem). Compter 16-20 €.* Un petit resto-bar sympa juste en face de la Maison de la Forêt, au bord de l'Ource. Cheminée en hiver, terrasse en été, bel accueil toute l'année. De la vraie bonne cuisine du pays. S'il y a du suprême de pintade au crémant, vous allez vous régaler mais on aime bien aussi la pièce de bœuf au beurre de truffes de Bourgogne. Gibiers en saison pour les amateurs.

***Le Sabot de Vénus** (plan C4) : 13, Grande-Rue, 21290 **Bure-les-Templiers.** ☎ 03-80-81-00-28. À 14 km au sud-est de Leuglay. Ouv le midi mar-sam, plus sam soir. Formule déj en sem env 17 € ; puis 28 €.* Cette petite adresse conviviale est l'une des tables les plus accueillantes et rassurantes du pays depuis plus de 20 ans. Si vous êtes dans le coin, on vous incite à découvrir la salle toute pimpante, la jolie terrasse et surtout une très bonne cuisine de tradition et de saison à prix doux.

Où boire un verre dans les environs ?

***Bistrot de l'Aubette** (plan D3) : 12, Grande-Rue, 21290 **Gurgy-la-Ville.** À 16 km au nord-est de Leuglay. 06-51-56-87-34. De mi-juin à mi-sept, ven-dim 12h-20h.* À l'écart du village, et à 2 pas de l'Aubette, encore un de ces endroits alternatifs qui rendent le territoire si attachant. Planches végétariennes à partir de 12 €, bonne sélection de vins, bières locales et sirop maison. Régime associatif et donc adhésion libre pour pouvoir vous installer dans le jardin qui s'étale en petites terrasses dans une atmosphère champêtre et cool. Animations certains jours avec une programmation éclectique.

Aller faire un tour dans le village de **Gurgy-la-Ville** qui s'ordonne autour de son vieux château fortifié et abrite de belles fermes.

***Le Café des Initiatives** (plan C3) : 1, rue Saint-Germain, à **Recey-sur-Ource.** Ouv juin-fin sept, mar soir à partir de 18h, sam mat 9h-14h.* Un fort sympathique espace de rencontre tenu par des bénévoles pour valoriser les initiatives locales et se faire rencontrer ses habitants.

Où acheter de bons produits à Leuglay et dans les environs ?

***Les Jardins du Cosmos** (plan C3) : 38, rue de Lugny à **Leuglay.** 07-69-90-74-14.* Production en agriculture biologique. Loïc Jounot s'inspire des principes de la permaculture et de l'agro-écologie. Il cultive son potager à la main et sans travail du sol, 0 intrant et 0 pétrole. Vente directe ainsi qu'au marché de Recey-sur-Ource d'avril à décembre et au marché de producteurs de Chambain, le mercredi de 17h30 à 19h30 en juillet-août.

***La Safranerie Templière** (plan C3) : 7, rue de la Liberté, 21290 **Recey-sur-Ource.** 06-81-09-68-27 et ☎ 03-80-81-06-64. • safrandehautecotedor.fr •* Vente de safran artisanal, miel safrané, fleur de sel au safran, ail violet et échalote griselle. Boutique en ligne.

***GAEC de Conclois** (plan C4) : Ferme de Conclois, 21290 **Bure-les-Templiers.** ☎ 09-66-88-39-45.* Sur la ferme de Sophie et Thibaut

Salloignon, un troupeau d'une cinquantaine de brebis fournissent le lait nécessaire à la production de fromages et yaourts, transformés localement dans leur fromagerie. Ils cultivent aussi des céréales transformées en farine de blés anciens, de petit épeautre et de blé dur, moulus dans la meunerie construite sur la ferme. Vous pouvez acheter leurs produits sur le marché à Courcelles-sur-Aujon le samedi matin à partir de 10h, au fournil de Chambain le mercredi de 17h30-20h, au fournil de Saint-Broing-les-Moines le vendredi de 17h30 à 20h et à la ferme.

La truffière de la Douix *(plan C4)* ***:*** *7, Grande-Rue, 21290* ***Bure-les-Templiers.*** ☎ *03-80-81-04-42. En face du monument aux morts. Visite commentée des truffières, cavage et dégustation, soit via l'office de tourisme du Châtillonnais, 25 € ou 22 € en direct pour 3h de visite, moins de 12 ans gratuit. Vente sur place de truffes conservées dans de l'alcool et de miel toutes fleurs et de miel de forêts à base de tilleuls.* M. et Mme Dupaty possèdent 3 chiens truffiers de la race des Lagotto romagniollo, une race spécialisée dans la recherche de ces champignons de luxe qui se récoltent de septembre à fin janvier. Ce sont des truffes forestières qui s'épanouissent à l'ombre et plus particulièrement aux pieds des charmes. Elles affectionnent les terrains argilo-calcaires. Plus goûteuse que la truffe du Périgord et plus craquante en bouche, elle est aussi moins chère. Malheureusement, comme tous les champignons, la truffe subit le changement climatique puisqu'elle a besoin d'eau pour se développer. N'hésitez pas à prendre rendez-vous avec Christine, passionnée, qui est aussi la dynamique présidente de l'Association « la Truffe Côte-d'Orienne ». Voir aussi la « route de la Truffe » dans la rubrique « cuisine », chapitre « Hommes, culture et environnement ».

La Ferme de L'Aubette *(plan D3)* ***:*** *2, rue de l'Aubette, 21290* ***Chambain.*** ☎ *06-85-88-09-27. Vente de farines, lentilles vertes, pains et brioches au levain naturel, mer-jeu 17h30-20h.* Benoît et Laurie produisent une vingtaine de variétés anciennes de blé tendres qu'ils transforment en farine à la ferme puis en pain, pains spéciaux et brioches...

Le Rucher de la fontaine Pelin *(plan C4)* ***:*** *5, rue de la Planche, 21290* ***Terrefondrée.*** ☎ *07-60-44-17-84.* Christophe Sikora, apiculteur amateur, produit du miel toutes fleurs de printemps qu'il vend dans sa cabane ouverte au public, toute l'année selon ses disponibilités (téléphoner avant).

Les ânesses de la Côte du Puits : *à* ***Bure-les-Templiers*** *(21290).* *06-58-32-07-66.* Camille Paquet élève une vingtaine d'ânes du Cotentin. Rendez-vous à l'asinerie pour partager des moments de découverte avec vos enfants. Fabrication de savons au lait d'ânesse à base de produits naturels.

LA FORÊT DE CHÂTILLON

À voir. À faire

Maison du Parc national de forêts – Maison de la Forêt : *1, ruelle de la Ferme, à* ***Leuglay.*** ☎ *03-80-81-86-11.* *07-52-03-37-19. • maison-foret.com • Avr-début sept et vac scol de la Toussaint, mar-ven 9h-12h, 14h-18h ; w-e 14h-18h. Entrée : 5 € ; réduc. Grimpe d'arbres 15 € sur résa. Parcours guidés GPS (loc 15 €). Découvertes guidées à partir de 5-10 €/pers.* Pour tout savoir sur le Parc national de forêts, prenez le temps de vous arrêter dans son écomusée. Vous y découvrirez tous les métiers et activités de la forêt mais aussi les mystères des plantes et des animaux. On y apprend aussi à reconnaître les essences principales, les chants des oiseaux et tous les bruits de la forêt. L'accent est aussi mis sur les activités de la sylviculture et de l'exploitation forestière dans une logique de développement durable. Un parcours à la fois ludique et pédagogique qui intéressera aussi bien les petits que les grands.

À côté, 2 salles retracent l'histoire de ***la truffe de Bourgogne,*** ce champignon tant apprécié par les gourmands ! Une salle sombre, pensée comme un « cabinet de curiosités » et une salle claire conçue comme un banquet invitent les visiteurs pour un voyage allant de l'origine de la truffe à sa dégustation. L'ensemble est le fruit d'une collaboration entre le Parc national de forêts, la Maison de la Forêt et l'association de la Truffe Côte-d'Orienne. Enfin, ne manquez pas d'aller faire un tour dans l'***arboretum*** où sont présentées les essences de la forêt avec des panneaux explicatifs. Cheminement confort pour les personnes à mobilité réduite.

➢ La ***Maison de la Forêt*** organise aussi des randonnées pédestres au fil des saisons sur les orchidées, les fleurs sauvages, les champignons, la faune forestière mais aussi les baies sauvages d'automne et bien entendu les arbres. Autant de sujets passionnants à aborder avec un animateur passionné. La Maison de la Forêt propose aussi une activité grimpe dans les arbres, encadrée par un animateur diplômé.

Une ***truffière pilote*** a été installé dans un espace naturel. On y accède par le petit pont depuis l'arboretum.

À côté, voir aussi la ***structure de charmilles*** créée par Jacques Vieille à la fois architecte, paysagiste, décorateur, horticulteur, et sculpteur, qui ressemble à l'arête principale d'un poisson avec des ouvertures latérales.

DANS LES ENVIRONS DE LEUGLAY

L'église de la Nativité *(plan C3)* **:** *à* ***Voulaines-les-Templiers*** *(21290)*. Elle a été reconstruite au XIXe s, dans un style néoclassique avec un fronton soutenu de puissantes colonnes, que l'on retrouve aussi à l'intérieur. Surprenant dans le paysage châtillonnais !

➢ ***Circuits des Marots*** *(boucle de 8 km, 2h30, facile, balisage jaune). Départ du parking des Marots entre Villiers-le-Duc et Voulaines-les-Templiers.* Stationnement à l'aire de pique-nique vers les étangs. On passe par un vallon boisé parsemé d'étangs. La flore au long du circuit est caractéristique des montagnes froides du nord de l'Europe à l'ombre de grands hêtres et de chênes vénérables.

Villiers-le-Duc *(plan B3)* **:** on s'arrêtera dans ce tranquille village à l'orée de la forêt pour son *église Saint-Jean-Baptiste* du XIIIe s remaniée à plusieurs reprises. À l'intérieur, fragments de fresques polychromes figurant une suite de saints. À défaut de pouvoir y entrer, on peut toujours admirer le beau porche avec sa poutre sculptée à engoulants.

Derrière, on aperçoit le ***château du XVIIe s*** avec sa toiture de tuiles vernissées qui rappelle que nous sommes en Bourgogne. On notera le pont entre le château et l'église qui permettait aux châtelains d'assister aux offices sans sortir du château.

Le fanum du Tremblois **:** aujourd'hui entouré par la forêt, le fanum du Tremblois a été fréquenté de la fin du IIe siècle av. J.-C. jusqu'à la fin du IVe siècle ap. J.-C. Il est constitué d'une *cella* entourée d'une galerie, inscrites dans une enceinte elle-même incluse dans un vaste foirail desservi par une voie venant d'Essarois. Malgré la découverte, lors des fouilles entre 1958 et 1980, de statues et d'ex-votos, on ne connaît pas la divinité guérisseuse qui était invoquée dans ce temple.

Vanvey *(plan B3)* **:** ce hameau, à l'origine constitué de moulins, se développe au XIXe s avec l'installation de scieries et de forges. Au cœur du village, les imposants bâtiments de l'***église néoclassique,*** la mairie et la poste, couverts d'ardoises en témoignent. Beau et grand ***lavoir*** du XVIIIe s sur les bords de l'Ource, tout en longueur avec ses 15 arcs de bois sur des piliers de pierre.

Voir la ***chapelle Saint-Phal,*** de style roman, au bout d'une allée de platanes, entourée d'un cimetière clos. À l'intérieur, fresques murales du XVe s figurant l'Annonciation et quelques restes de polychromie.

Recey-sur-Ource *(plan C3)* **:** Recey est comme couronnée de villages semés çà et là, blottis dans un frais vallon ou escaladant des pentes. Le bourg lui-même est bâti en amphithéâtre sur les pentes du Grand-Foiseul, haut de quelque 442 m. À la fin du XVIe s, il fut entouré d'importantes fortifications dont subsiste la partie nord avec quelques tours. À 3 km, on peut voir de la route la Courroirie, ancienne église des Chartreux de Lugny remontant aux 1res années du XIIIe s, convertie aujourd'hui en gîte rural. De Recey, prendre la direction de Saint-Broing-les-Moines (c'est fléché) pour découvrir le ***marais des Brosses*** *(sentier aménagé)*.

Le lac du Docteur-Parisot *(plan C3)* : *en descendant de Recey par la D 959 en direction de Bures-Les-Templiers.* Un plan d'eau artificiel d'environ 2 ha dans lequel on peut pêcher mais pas se baigner, dommage. Autour, un terrain de pétanque, une piste de jeu de quilles, une aire de jeux pour les enfants, une table de ping-pong, deux courts de tennis ouverts toute l'année et une piscine ouverte en période estivale. Plusieurs tables pour le pique-nique également.

Le marais des Brosses *(plan C3-4)* **:** la commune de Recey-sur-Ource possède une forêt communale qui abrite un des 100 marais tufeux du Parc national. Un circuit de 250 m en pleine nature dont la moitié sur une passerelle basse sur pilotis permet d'avoir une vision de la flore locale au sein d'un cas particulier qu'est le marais tufeux.

L'abbaye du Val des Choues *(plan C3)* **:** *21290* ***Essarois.*** *☎ 03-80-81-01-09. • abbayeduvaldeschoues.com • ♿ (partiel). Mars-oct, tlj 10h-18h.*

Marais des Brosses

Entrée : env 8 € ; réduc. Repas de la meute des chiens, l'ap-m vers 16h (tlj juin-août et dim en mi-saison s'il fait beau). On y accède par la route forestière de Vanvey à Essarois. Dans un splendide environnement, au cœur de la forêt de Châtillon, nichée dans un vallon, au centre d'une clairière, et au bord d'un étang, on découvre cette ancienne abbaye cistercienne du XIIe s. Un lieu isolé, propice à la méditation et à la prière. Elle fut fondée par Eudes III, duc de Bourgogne en remerciement de son retour de croisade. Peu de bâtiments ont résisté à la Révolution. L'entrée actuelle de l'abbaye date du XVIIe s et ouvre sur une cour existant à l'origine, celle des frères convers et des pèlerins qui étaient accueillis dans ce qui est actuellement le musée. Les dortoirs étaient situés au 1er étage. Autour de la cour, se trouvaient les bâtiments liés à l'activité économique de l'abbaye.

L'ORDRE DU VAL DES CHOUES

Dès sa fondation, l'ordre adopte un règlement original inspiré à la fois du modèle des Chartreux et du modèle cistercien. Du premier, ils adoptent le mode de vie austère et solitaire ; les religieux passent une partie de la journée à prier dans leur cellule tandis que l'organisation des offices quotidiens, les repas pris en commun ou l'organisation du travail sont d'inspiration cistercienne. L'ordre du Val des Choues essaima jusqu'en Écosse.

L'abbaye abrite aujourd'hui le ***musée-opéra de la Vénerie,*** qui porte un nouveau regard sur la chasse à courre en l'associant à l'art contemporain avec un parti pris à la fois pédagogique et esthétique. 1re salle impressionnante avec quelque 500 trophées de cervidés entourant un cerf poursuivi par un loup et pour finir la salle de la Forêt vivante pour découvrir tous les habitants de la forêt, du blaireau au sanglier. Entre temps, on sera passé par la salle des Échos (écoutez les différentes sonneries en fonction du moment de la chasse), la salle du Silence sur la mort du cerf et la salle de l'Hallali. Plus loin, au-delà de la cour, la maison des ducs de Penthièvre construite au XVIIe s, où séjourna à plusieurs reprise la marquise de Montespan.

Dans les ***jardins à la française,*** entourés de murs impressionnants, vergers, buis taillés, et grande pièce d'eau (un vivier) alimentée par la rivière.

➢ Nombreuses randonnées en forêt à faire autour de l'abbaye, dont le ***circuit du Val des Choues*** *(8 km, 2h30, facile, balisage jaune).* Agréable balade en lisière de forêt.

Bure-les-Templiers *(plan C4)* **:** comme son nom l'indique, se trouvait ici une commanderie templière, la plus ancienne de Bourgogne. En témoignent la pierre tombale du commandeur Guillaume de Fougerolles dans la tourelle de l'***église Saint-Julien*** et derrière celle-ci les ***vestiges de la commanderie.*** Ici, la nef et le bas-côté, le chœur et le clocher sont romans et templiers tandis que les 2 travées sont gothiques et hospitalières. Le clocher carré et excentré date du XIXe s. Le chemin de croix a été réalisé par l'artiste russe Dimitri Koulaguine, installé dans le village. Il a la particularité d'être composé de 15 stations et non de 14. La dernière étant celle de Marie dans l'espérance de la Résurrection. Il est possible de visiter l'église de Bure-les-Templiers sur demande, avec Jean-Charles Colombo, le maire du village. *(☎ 03-80-81-04-65.)* Voir le *lavoir* datant de 1841, dont les portes en acier sont des créations de l'artiste Liam Gillick, *Portes et bruits de fontaines.* À l'intérieur, on peut entendre le son enregistré en direct de plusieurs fontaines du village.

Le marais du Cônois *(plan D4)* **:** *pas très bien indiqué. Sur la D 102, 2 km après Bure, en direction de Colmier-le-Bas, prendre le chemin sur la gauche, puis au bout de 600 m env parking et départ du sentier de découverte en partie sur pilotis (1,5 km en boucle, 1h30).* La meilleure saison pour l'observation de la flore et de la faune se situe entre fin juin et début sept. Ce marais tufeux abrite en effet une flore de milieu humide à affinité montagnarde unique en Bourgogne grâce au microclimat froid de fond de vallée, ce qui a permis le développement de la swertie pérenne. Le marais héberge aussi une espèce particulière de batracien, le crapaud sonneur à ventre jaune mais aussi la grenouille rousse et le crapaud accoucheur ! Ne pas hésiter à prendre la brochure à la croisée du chemin forestier. *Visite virtuelle possible :* • *cen-bourgogne.fr* •

UN PEU DE CHIMIE

Le tuf est une roche friable et poreuse appelée aussi travertin. Elle résulte d'une réaction chimique à l'émergence de certaines sources. Le travertin est résistant aux chocs, au gel et à l'usure. Plus léger et plus facile à découper que le marbre, il a longtemps été la roche privilégiée des constructions antiques de la Renaissance en Italie comme le Colisée ou la basilique Saint-Pierre à Rome. Le site le plus spectaculaire se situe à Pammukale, en Turquie, avec ses terrasses blanches résultant de la cristallisation du calcaire.

Montmoyen *(plan C4)* **:** encore un de ces jolis villages dont on ne se lasse pas. Voir en haut du village, sur son promontoire le *château Louis XIII (privé), l'église* du XVIe s avec son cimetière et en face la mairie.

Montmoyen

Auberive

LA FORÊT D'AUBERIVE

La 3e forêt domaniale qui structure le Cœur du Parc national de forêts est très singulière par sa valeur patrimoniale.

Ancienne forêt de *l'abbaye cistercienne d'Auberive*, devenue aujourd'hui un centre d'art contemporain et culturel, elle se caractérise par ses multiples enclaves agricoles qui constituaient à l'époque des granges alimentant l'abbaye. Traversée par la ligne de partage des eaux entre le Rhône et la Seine, de très nombreux cours d'eau y prennent leur source, dont l'Aube. Elle présente également un relief collinaire qui la singularise par rapport aux plateaux des forêts d'Arc et de Châtillon, et accueille le point culminant du Parc national au niveau du Haut de Baissey à 523 m d'altitude.

Cette configuration en fait le massif forestier probablement le plus riche en biodiversité et en ambiances paysagères du Parc national. De nombreux marais tufeux, pelouses sèches, prairies s'entremêlent avec la forêt et en font un havre de paix pour de nombreuses espèces dont l'emblématique cigogne noire. Le *Val Clavin,* traversé par le GR 7, est un des plus importants sites naturalistes de Haute-Marne, et accueille notamment une grande station de nivéoles de printemps ainsi qu'une réserve biologique intégrale d'une centaine d'hectares.

Réputée plus proche de la nature, une sylviculture particulière a été adoptée sur la majeure partie du massif dont les forêts du syndicat intercommunal de gestion forestière de la région d'Auberive, le plus ancien et le plus vaste syndicat forestier français. Cette gestion en futaie dite « irrégulière » évite toute coupe à blanc et permet de maintenir sur chaque parcelle un mélange d'arbres d'espèces et d'âges différents. Ces forêts ont été les premières forêts publiques du Grand Est à obtenir la mention « services écosystémiques » FSC (Forest Stewardship Council®) pour la biodiversité, le label international le plus strict garantissant une gestion durable et exemplaire.

Cette sylviculture mélangée à couvert continu a donné lieu ici à la création d'une « forêt irrégulière école », un dispositif de référence où sont formés différents publics dont nombre de forestiers.

Le massif forestier accueille *deux portes de Cœur* proposant des expériences différentes, l'une dans la forêt à proximité d'Auberive le long du GR 7, l'autre au niveau du

DES ÉCOLOS AVANT L'HEURE

Le premier ***Paul-Victor Fournier*** *est né en 1877, à Damrémont. Il entre dans les ordres après sa formation au grand séminaire de Langres. À l'âge de 50 ans, il revient s'installer dans la région, (où il mourra en 1964), pour se consacrer à sa passion : la botanique. Il a notamment publié des ouvrages qui font toujours référence : le* Bréviaire du botaniste, *qui lui valut le titre de docteur ès sciences de l'université de Paris, et surtout* Les Quatre Flores de France *pour l'identification des plantes sur le terrain. Le second,* ***Jean-Claude Rameau,*** *né en 1943 à Chaumont (mort en 2005) a marqué de son empreinte l'histoire de la botanique et, plus globalement, des sciences de l'environnement. Après ses études à Dijon et à Besançon, il enseigna, en particulier à l'École nationale du génie rural des eaux et des forêts de Nancy dont il deviendra le directeur. Militant infatigable, rédacteur de la* Flore forestière française, *il défendit sans relâche la préservation des espèces et des espaces, en particulier en Haute-Marne. Il porta notamment l'idée de la création d'un centre d'initiation à la nature à Auberive.*

marais de Chalmessin d'où part un sentier de découverte d'un marais tufeux particulièrement bien préservé.
De nombreux chemins de randonnées et activités – tout comme des hébergements insolites – existent dans ce secteur. En attendant une *Maison du Parc national,* un point d'information a été mis en place à Auberive au sein de la mairie.

AUBERIVE (52160) 151 hab.

• *Carte Parc national de forêts, D3*

Le bourg d'Auberive s'est construit au fil des siècles autour de l'abbaye fondée en 1135 sous l'impulsion de Bernard de Clairvaux. La commune, dont le territoire est aujourd'hui encore couvert à près de 80 % par la forêt, a connu, au Moyen Âge, un certain rayonnement, porté par la richesse que lui octroyaient ses bois et ses forges et par la notoriété de cette abbaye, 24ᵉ fille de Clairvaux. Mais qui dit abbaye dit aussi souvent guerres de religion, saccages, pillages... Auberive n'y échappa pas. L'abbaye elle-même sera entièrement reconstruite au XVIIIᵉ s, et ce sont d'ailleurs ces bâtiments que l'on visite aujourd'hui. Après la Révolution, elle est achetée par le gendre de Diderot, qui y installe une filature. Elle deviendra ensuite un lieu de villégiature, puis une prison, puis un centre de colonies de vacances... et enfin – rien à voir – un espace d'art contemporain.

Adresses et infos utiles

Pas d'office de tourisme mais un ***point info du Parc national de forêts*** à la mairie et, à l'accueil de la médiathèque, des documents et prospectus touristiques à disposition *(médiathèque André-Theuriet, rue des Fermiers, mar-ven 14h-18h, sam 14h-16h30).*

– ***Porte de Cœur*** : aux abords de l'enclos de vision, dans la forêt d'Auberive, c'est un abri en bois local de 50 m² dans lequel vous trouverez toutes les informations utiles à la compréhension du territoire, de son patrimoine naturel et architectural.

– La ***Forêt irrégulière école*** (FIE) : *07-60-56-66-96.* • *foret-irreguliere-ecole.fr* • *Page Facebook : Forêt-Irrégulière-École-dans-le-Parc-national-de-forêts.* C'est un centre de ressources spécialisé dans la formation et la recherche sur la sylviculture mélangée à couvert continu (SMCC), ou futaie irrégulière. En clair : un modèle d'exploitation permettant à la forêt de faire face au changement climatique et de répondre à tous les besoins de l'homme dans le respect de la nature. Le centre organise des sorties en forêt, des formations... Consulter l'agenda en ligne.

– ***Festimarché :*** *en semi-nocturne le dernier ven du mois, avr-sept. Infos : 07-84-08-19-32.* • *comite.f.auberive@gmail.com* •

Où dormir ?

Camping municipal Les Charbonnières : *rue du Stade.* ☎ *03-25-84-21-13.* • *mairie.auberive@wanadoo.fr* • *De mi-avr à début* *oct. 13,50 € l'emplacement pour 24 h. Réseau Camping-car park.* 20 emplacements camping-cars très calmes, à deux pas de l'abbaye.

Éco-domaine des Chemins de Traverse : *9, chemin du Val-Clavin. ☎ 03-25-84-71-86 ou 06-98-91-71-86. • chemindetraverse52.org • Gîte : 30 € (chambre collective) ou 40 € (chambre individuelle), 15 € pour les randonneurs et pèlerins qui apportent leur couette. Roulotte (mai-août) : 100 € la nuitée (80 € hors haute saison), dégressif à partir de 3 nuits. Adhésion obligatoire à l'association, 10,76 €.*

Les Chemins de Traverse sont une initiative du Centre d'initiation à la nature d'Auberive, géré par la Ligue de l'enseignement de Haute-Marne. Objectif : permettre de vivre une expérience immersive dans le Parc national ! L'association gère, sur son écodomaine à Auberive : un gîte d'étape *(capacité 7 couchages)*, 2 roulottes, pour 4 personnes et construites en bois locaux par des bénévoles de l'association ; 4 tentes nomades équipées *(3 et 4 pers)* pour vivre au plus proche de la forêt, dans de vrais lits. Tous ces hébergements sont équipés de toilettes sèches individuelles. L'espace sanitaire (douches, lavabos, éviers) est collectif. Également des emplacements tentes.

Les Chemins de traverse proposent également des ***hébergements insolites*** éparpillés au cœur des bois :

– les ***Nids d'Amorey,*** 3 cabanes perchées à 3 m de hauteur, bivouac sur la plateforme en bois pour 3 adultes ou 2 adultes et 2 enfants *(45 € la nuit pour 1 cabane, service petit déj 6,50 € en plus, possibilité de commander un repas chaud ou froid à 13,50 € ou un panier pique-nique à 10 €, compter 5 € pour la livraison ; matériel fourni à la location : matelas gonflables, popotte, réchaud ; toilettes sèches à l'extérieur.)*

– les ***cabanes nature d'Auberive.*** 7 cabanes *(en accès libre)* dans un rayon de 6 à 15 km autour du village, points de départ d'une découverte de la nature environnante grâce à des livrets fournis sur place.

Les Chemins de Traverse proposent aussi des visites sur le terrain, des randonnées avec des ânes, des animations, des accueils pour les jeunes, les enfants, les groupes...

➢ Ils organisent chaque année, généralement en mai, ***la Diagonale Verte,*** une randonnée de 4 jours avec des ânes dont le parcours change chaque année. Étapes en bivouac ou en hébergements. Très sympa pour découvrir le territoire.

Où dormir dans les environs ?

Camping de la vallée de l'Aube *(plan D3) **:** 13, rue du Stade, 52160* ***Rouvres-sur-Aube.*** *06-74-06-30-05. À 12 km au nord d'Auberive. Emplacements à partir de 7,50 €.* 13 emplacements, et 5 pour camping-cars. Plus 3 chalets à louer.

– ***Aire de camping-cars*** *(plan D3) **:** 52160* ***Colmier-le-Haut.*** *À 10 km à l'ouest d'Auberive.* Espace libre d'accès avec sanitaires et tables de pique-nique.

Gîte Les Aulnes *(plan D3) **:** 1, rue des Fontaines, 52150* ***Aulnoy-sur-Aube.*** *06-70-88-47-78. À 9 km au nord d'Auberive. Chambres à partir de 60 € la nuit.* Sébastien et Pauline, agriculteurs dans le village, ont transformé une aile de leur ferme en gîte, avec 5 chambres pour une capacité maximale de 11 personnes. Depuis la plus grande chambre, vue imprenable sur le troupeau des propriétaires dans le champ en contrebas ! Spacieux et bien rénové.

Gîte de la vallée de l'Ource *(plan C4) **:** 2, rue du Montroyer, 52160* ***Villars-Santenoge.*** *☎ 03-25-84-20-62 ou 06-19-13-40-31. • relaisdelavalleedelource.fr • À 12 km au sud-ouest d'Auberive. Nuit 45-75 €, 90-120 € pour 2 pers. Repas 25 €. Roulottes : 300-350 €/sem, 200 € le w-e hors saison.* 8 chambres (dont 3 suites familiales pour 4 personnes) dans une grande maison de village bien tenue, juste à côté du centre équestre où il est possible d'entreprendre une balade à cheval. Également deux roulottes « au cœur de la nature », chacune d'elles dotées de 2 chambres, salle d'eau et cuisine, terrasse avec salon de jardin.

Où manger à Auberive et dans les environs ?

L'Auberge Abbatiale : *3, rue de l'Abbatiale. ☎ 03-25-84-33-66. • aubergeabbatiale.fr • Doubles 135-150€ (petit déj compris), 210 € pour la chambre 4 pers et 235 € pour la suite François 1er. Menus 25-43 €. Fermé le lundi.* Si vous avez envie de vous plonger dans une ambiance médiévale, ne faites pas les choses à moitié. À l'Auberge Abbatiale, à deux pas de l'abbaye, le restaurant vous immerge dans une atmosphère d'un autre temps : mobilier, décoration, musique, on s'attend presque à voir surgir Jacquouille... Aux fourneaux, mijotant d'excellents plats traditionnels, comme en salle, la maîtresse des lieux, la très sympathique Ana Maria Algan, a été distinguée par le Collège culinaire de France, coprésidé par Alain Ducasse et Alain Dutournier, excusez du peu.
L'Auberge Abbatiale propose également 5 belles chambres d'hôtes et une suite, là aussi ambiance médiévale garantie. Bois, pierre apparente, lourdes tentures ... Rien ne manque. Mais, rassurez-vous, le confort est bien celui de notre siècle.

Les Tilleuls : *pl. de l'Abbatiale. ☎ 03-25-84-20-24. Tlj pour le déjeuner. Menu 22 €.* Mireille accueille avec le sourire dans une adresse sans chichis où tout est cuisiné maison. Spécialités : les terrines et les paupiettes notamment. Déjeuner sur la terrasse face à l'abbaye. Franchement, on y est bien.

Le Sanglier *(plan D3)* **:** *3, pl. de la Mairie, 52160* ***Rouvres-sur-Aube.*** *☎ 03-25-84-21-00. À 12 km au nord d'Auberive. Fermé dim-lun. Sur résa uniquement. Menu unique à 14,50 €.* À la fois restaurant et épicerie. Jolie maison de village en pierre de taille, la terrasse est posée au pied de la fontaine du village. Sur commande, spécialité de potée langroise, avec porc demi-sel (et non fumé), oreilles, pieds et queue de cochon compris !

Où boire un verre ?

La Zo'Épicerie : *5, rue des Fermiers. 📱 06-71-02-96-33. Mar-jeu 7h30-13h, 16h-19h, ven-sam jusqu'à 23h30, dim-lun matin slt.* Zoé Lallemant a repris, en mai 2023, le petit commerce alimentaire du centre-bourg, qui fait épicerie et restauration rapide. Et on boit un coup sur la terrasse avec plaisir après la visite de l'abbaye.
Juste en face, le **Grenier de Vincent**, l'endroit idéal pour chiner *(☎ 03-25-88-39-18 ; tlj 9h-12h, 14h-19h).*

Où acheter de bons produits ?

Huilerie du Haut du Sec *(plan E3)* **:** *2, route d'Aprey, 52160* ***Pierrefontaines.*** *📱 06-04-49-80-25. Page Facebook : huileduhautdusec. À 12 km à l'est d'Auberive. Accueil possible sur rdv uniquement.* Au point culminant de la Haute-Marne (le Haut du Sec, 516 m d'altitude), l'exploitation d'Axel et d'Olivier (les frères) produit, sur 320 ha, selon des méthodes culturales respectueuses de l'environnement, les graines qui leur servent à fabriquer des huiles de première pression à froid de colza, de tournesol, de chanvre et de cameline.

La Maison des Biquettes *(plan D3)* **:** *chemin du Mont de Craie, 52160* **Colmier-le-Haut.** *06-67-19-79-99.* • *fromage-chevre-52.fr* • *À 10 km à l'ouest d'Auberive. Accueil et visite sur rdv.* Dans cette chèvrerie en activité depuis 2017, on produit naturellement du fromage fermier bio au lait cru mais aussi des spécialités laitières (crèmes aux œufs, confiture de lait, fromage blanc...). Et on peut visiter l'exploitation.

Les Chenevières de Colmier-le-Haut *(plan D3)* **:** *15, Grande-Rue, 52160* **Colmier-le-Haut**. *06-68-28-08-62. Page Facebook : Les Chenevières de Colmier-le-Haut. À 10 km à l'ouest d'Auberive.* Dans le « verger maraîcher bio » de Julie Frymyer, une trentaine de fruits et de légumes différents, mais aussi des ruches qui produisent du miel de pays. On peut acheter sur place *(jeu 16h30-19h30)*, ou alors au *festimarché d'Auberive (dernier ven du mois, avr-sept)*, ou bien sur commande.

À voir. À faire

L'abbaye d'Auberive *(plan D3)* **:** *pl. de l'Abbaye.* ☎ *03-25-84-20-20.* • *abbaye-auberive.com* • *Juin-sept, mar 14h-18h30, mer-dim 10h-12h30, 14h-18h30. Entrée : 10 € en saison (abbaye + expo), réduc ; 6,50 € abbaye seule (hors saison). Visite libre, application gratuite à télécharger sur votre smartphone, ou audioguide en français, anglais, allemand ou flamand (2 €). Visites guidées sur résa pour les groupes. Monument historique.*

Boutique (nombreux ouvrages) où vous trouverez aussi les jus de pommes de l'Abbaye d'Auberive.

La visite de l'abbaye d'Auberive est une étape incontournable de la visite du Parc national de forêts. En son centre géographique ou presque, l'ancienne abbaye a pris, depuis le XVIIIe s, des allures de palais classique, ouvert au public depuis 2004 (date de son rachat par la famille Volot). Elle est devenue un ***centre d'art contemporain*** réputé, présentant une collection permanente et proposant, chaque été, une exposition temporaire intéressante. Elle accueille également concerts et événements culturels (jetez donc un coup d'œil au programme avant votre venue).

La visite des lieux permet de comprendre l'histoire d'une abbaye cistercienne dont il ne subsiste plus de traces, si ce n'est l'ingénieux dispositif permettant d'acheminer sur le site l'eau de l'Aube, pourtant distante d'un kilomètre ; de canaliser les eaux usées ; et de faire tourner un moulin indispensable à la vie en autarcie de la communauté. À la visite des bâtiments datant des XVIIe et XVIIIe s s'ajoute celle des ***jardins,*** comprenant un ***verger conservatoire.***

L'exposition permanente met en valeur la collection privée de la famille Volot, une des plus importantes en France en matière d'expressionnisme contemporain figuratif et d'art singulier.

LETTRES D'AUBERIVE

L'ex-abbaye d'Auberive fut, de 1856 à 1885, une prison. Elle accueillit les femmes emprisonnées dans l'abbaye de Clairvaux surpeuplée. La plus fameuse des prisonnières d'Auberive fut incontestablement ***Louise Michel,*** *qui y fut détenue 20 mois, entre décembre 1871 et août 1873, avant d'être déportée en Nouvelle-Calédonie. Militante féministe considérée comme l'une des fondatrices du mouvement anarchiste, elle participa activement aux événements de la Commune de Paris et se livra, en 1871, pour faire libérer sa mère. C'est après cette reddition qu'elle séjourna, bien malgré elle, à Auberive. Les nombreux courriers qu'elle écrivit pendant sa détention ont été regroupés dans un recueil (en vente à la boutique de l'abbaye).*

Abbaye d'Auberive

DANS LES ENVIRONS D'AUBERIVE

L'enclos de vision : *accès libre. L'itinéraire pour y accéder est balisé en bleu et jaune. Départ du parking devant la Maison de Pays (1, rue des Fermiers). Compter 45 min pour rejoindre l'enclos (1h30 A/R) en marche facile. Une boucle de 9 km au total est possible en revenant par le GR 7 (balisé blanc et rouge), soit 2h environ.* En pleine forêt d'Auberive, un parc de 3 ha pour tenter d'admirer les cerfs et les daims qui vivent là en paix. Des panneaux pédagogiques pour tout piger, des jeux pour enfants, des tables de pique-nique...

Les Sabots de Vénus *(plan D3)* **:** *8, route de la Vallée, 52160* **Bay-sur-Aube**. *06-74-93-54-04. • lessabotsdevenus.blogspot.com • À 4 km au nord d'Auberive. Ateliers ap-m en été, sur rdv le reste de l'année. Ateliers créatifs : 8-30 € (1 à 3h) ; ateliers découverte (sculpture, tournage, etc.) : 10 €/h. Balade de nuit elfique 20h30-23h30 en été : 6 € (enfant : 3 €).* Samuel Stolarz crée des lutins, dans son atelier de Bay-sur-Aube, mais il serait réducteur de ne dire que cela. Sa vocation : « favoriser et développer une meilleure relation à soi-même, aux autres et à la planète grâce à la communication, à la créativité sous toutes ses formes, aux contes, à la relaxation, à la découverte de notre environnement ou aux jeux coopératifs ». Le mieux : consultez le programme sur son blog et faites votre choix, entre ateliers créatifs, balades elfiques à la nuit tombée ou formations.

La tuffière d'Amorey *(plan D3) : sentier découverte de 11 km (env 2h30), dénivelé 280 m, au départ d'Auberive ; possible à VTT ou à cheval également. Fiche rando à télécharger sur • bienvenue-hautemarne.fr • ou sur l'application IDVizit.* C'est un endroit idéal, à l'écart des foules, pour découvrir cette formation géologique très particulière qu'est le tuf : une alchimie se produit entre le gaz carbonique et les mousses, provoquant la précipitation du calcaire et la constitution de « coussinets » qui croissent et finissent par constituer un barrage naturel couvert de mousse.

Les sources de l'Aube *(plan E3) : départ des sources de l'Aube : depuis Auberive, prendre la direction de Praslay puis à gauche direction Aujeurres, la source est fléchée à env 10 km. Compter 1h30 de marche (boucle). Un itinéraire de randonnée de 19 km (5h) est également possible, pour les bons marcheurs, au départ de l'aire de pique-nique de Grand-Croix, juste à la sortie d'Aujeurres. Fiche rando à télécharger sur • bienvenue-hautemarne.fr • ou sur l'application IDVizit.* La présence, sur le site d'eau, de bois et de minerai de fer explique le développement d'une activité métallurgique dans la vallée de l'Aube. Présente dès l'Antiquité, cette activité a été portée par les moines cisterciens au Moyen Âge... mais s'est paradoxalement arrêtée au XIXe s, alors que d'autres régions desservies par le train prenaient le dessus.
➢ Le sentier de découverte de 4,5 km aménagé autour des sources de l'Aube, sur le mont Armet (375 m d'altitude), permet de redécouvrir cette histoire, sous la conduite de Célestine, la cigogne noire.

La butte de Taloison *(plan D3) : 8 km, environ 2h de marche en boucle (ou 1h de VTT ou de cheval), départ et arrivée à* ***Bay-sur-Aube*** *(à 4 km au nord d'Auberive). Fiche rando à télécharger sur • bienvenue-hautemarne.fr • ou sur l'application IDVizit.* Dans ce petit coin du plateau de Langres, à 428 m d'altitude, exposé à tous les vents, une flore très spécifique s'est développée, adaptée aux conditions des lieux : un sol calcaire ingrat, très perméable, longtemps dédié au pâturage. Des espaces d'origine méridionale ou est-européenne y prospèrent, dont au moins quatre sont protégées.

➢ Le sentier aménagé, balisé en jaune et bleu et commenté permet de comprendre l'originalité de cette butte.

Tuffière d'Amorey

GRANCEY-LE-CHÂTEAU-NEUVELLE

(21580) 250 hab.

• *Carte Parc national de forêts, D4*

Grancey-le-Château est aujourd'hui en Bourgogne... mais ce ne fut pas toujours le cas, malheureusement pour les habitants qui, au Moyen Âge, subirent de nombreux sièges par les troupes du duc de Bourgogne opposées à celles du roi de France. En 1434, les Bourguignons victorieux décidèrent de tout raser. En 1472, les Français vainqueurs décidèrent de tout brûler. Dans toute cette histoire, on retiendra une info souriante : c'est en rendant visite à son frère qui participait au blocus que saint Bernard eut la révélation de sa vocation – la suite, on la connaît, c'est son implication dans le développement de l'ordre cistercien. Le château martyre fut finalement reconstruit, aux XVIIe et XVIIIe s. Et c'est un descendant d'une famille historique du coin, le baron Jacques de Mandat Grancey, qui en est toujours l'actuel propriétaire.

Adresse et infos utiles

Point info tourisme : *6, rue Pauferi. Mar-dim 14h-18h, juil-août.*
– **Marché :** *1er et 3e sam du mois.*
– **Service de bus :** la ligne régionale 125 relie Dijon à Châtillon-sur-Seine en passant par Grancey-le-Château-Neuvelle. *Service régulier ou sur demande, lun-sam, ☎ 03-80-11-29-29. • viamobigo.fr •*

Où dormir ? Où manger à Grancey-le-Château-Neuvelle et dans les environs ?

Maison familiale de Grancey-le-Château : *rue Saint-Germain. ☎ 03-80-75-61-53 ou 07-78-58-93-57. 12 €/nuit.* Gérée par l'association dijonnaise Adefo, la maison familiale peut accueillir des touristes de passage, pour 1 nuit ou 1 week-end. Dortoir de 6 couchages ou chambre de 2 personnes dans l'annexe, à un tarif défiant toute concurrence. Sanitaires collectifs.

Ferme de Borgirault : *lieu-dit Ferme de Borgirault. ☎ 03-80-75-66-24. • borgirault.fr • 30 €/nuit, ½ pens 25 €, pens complète 35 €.* La famille Lenz, propriétaire des lieux, nous promet « un paradis de vacances » et « l'adieu à la routine ». Les lieux s'y prêtent en tout cas : une vaste ferme qui abrite, dans ses différents bâtiments, des gîtes ou des chambres. Table d'hôtes 100 % maison. La ferme fait centre équestre et propose randonnées, stages, promenades à cheval ou en calèche, ou location d'un cheval.

Gîte Isabelle *(plan D5)* **:** *5, rue de Voisenot, 21580* **Avot.** *06-44-32-17-66. • gite-isabelle.com • À 8 km au sud de Grancey. 730€/sem, 140 €/nuit.* On est tout au sud du Parc national, dans un petit village côte-d'orien traversé par la Tille où Nathalie et Thierry vous accueillent dans une maison de 100 m² avec grand jardin clos, 3 chambres et 6 couchages. Jeux : baby-foot, billard russe, ping-pong... et prêt de vélos.

L'Atelier des Ondines *(plan E4)* **:** *33, Grande-Rue, 52160* **Chalancey.** *06-61-79-33-96. • atelier-des-ondines.com • À 12 km à l'est de Grancey. Chambre d'hôtes : 60 € pour 1 pers, jusqu'à 80 € pour 3,* *petit déj compris. Yourte : 70-100 €/nuit, pour 1 à 4 pers. Panier-repas à commander 16 €.* Une chambre d'hôtes et une yourte dans le jardin, pour un séjour très nature, parfaitement au calme. Sur place, un guide bourré de bonnes adresses bien-être pour un vrai « retour aux sources ». Le maître des lieux, Éric Prodhon, est artiste peintre et se fera un plaisir de vous faire visiter son atelier *(lun-ven 16h30-19h, w-e 14h-19h, ou sur rdv oct-avr).*

Clos Latour : *à* **Grancey-le-Château.** *☎ 03-80-45-97-15 ou 06-48-22-74-67. Compter 1 300-2 900 €/w-e, 3 300-6 000 €/sem selon saison.* Pour se faire plaisir... un gîte haut-de-gamme de 600 m² avec pas moins de 11 chambres, pour 25 personnes. La propriété datant du XIXᵉ s, rénovée et superbement décorée et meublée, comprend 2 maisons (le Manoir et la Maison rouge) pour une douzaine de personnes chacune. Piscine, jeux, feu de bois...

Les Feuillus *(plan D5)* **:** *8, rue de Travot, 21580* **Avot.** *06-67-11-23-35. À 8 km au sud de Grancey. Planches 14 €, formule 14,50 € le midi en sem, menu complet 34,50 €.* Des planches et une jolie carte avec quelques plats bourguignons (œufs en meurette, escargots, poulet Gaston-Gérard ou bœuf bourguignon). Et puis, en saison, des spécialités à la truffe.

Hôtel-Restaurant L'Auberge Côté Rivière *(hors plan par E5)* **:** *3, rue des Capucins, 21120* **Is-sur-Tille.** *☎ 03-80-95-65-40. • aubergecoteriviere.com • Doubles à partir de 90 €. Resto fermé dim et lun.* Situé dans la partie la plus bucolique du bourg, une belle maison de caractère avec un parc ombragé et une terrasse au bord de l'Ignon. Chambres cosy et confortables. Au resto une cuisine locale, élaborée avec soin par le chef.

Où acheter de bons produits ?

Herberie de la Tille *(plan D4)* **:** *rue des Quatre-Noyers, 52160* **Vals-des-Tilles.** *06-13-84-44-54. • herberiedelatille.com • À 7 km au nord de Grancey. Visite libre (3 €) ou guidée (10 € pour 1 à 5 pers, sur résa). Nuit sur place : 50 €/pers, 75 € pour 2, petit déj 5 €.* Elsa Gautherot a repris l'Herberie de la Tille en 2019. Dans un joli vallon, cette amoureuse de la nature cultive, sur 3 000 m², plantes médicinales et aromatiques et prépare des infusions à déguster sur place et à acheter. La présence d'orchidées prouve la qualité de l'environnement. Entre visite et dégustation, vous ferez la connaissance des animaux de la maison – Jess la chatte, Meïka et Ti'pop les chiens, et puis Ufa Gun et Kany, les 2 chevaux avec lesquels Elsa a réalisé son tour de France en solitaire il y a quelques années. Si vous voulez vous poser dans ce petit coin de verdure des plus tranquilles, louez le tipi (pour 5) ou la roulotte (pour 2). Balades organisées et jeux. Et si vous voulez vraiment débrancher et vous connecter entièrement à la nature, remettez votre smartphone à Elsa à votre arrivée, c'est le meilleur moyen de ne pas être dérangé(e) !

Le potager de la Tille *(plan D4)* **:** *3, rue des Quatre-Noyers, Villemervry, 52160* **Vals-des-Tilles.** *06-47-31-88-80. Page Facebook : Le Potager de la Tille. À 7 km au nord de Grancey.* Il propose des plants et surtout des légumes de saison issus de sa récolte ainsi que des œufs fermiers (sur rendez-vous).

Où découvrir l'artisanat local ?

Le Troisième Atelier *(plan D4)* **:** *3, Grande-Rue, 52160* **Villars-Santenoge.** *06-80-38-93-51. • letroisiemeatelier.fr • À 12 km au nord de Grancey.* La démarche de Xavier Decloux, alias XVI.DCLX (ça veut dire 16.660 en chiffres romains, mais il ne faut pas chercher de sens !), consiste à transformer les objets devenus inutiles en œuvres d'art. Rien ne se perd... Depuis 2019, il crée donc : peintures, sculptures, dessins, petit mobilier, boîtes et coffrets... Visite de son atelier, de préférence sur rendez-vous.

Au Grès de Sarah *(plan D4)* **:** *7, route de Vivey, 52160* **Villars-Santenoge**. *06-68-13-28-29. Page Facebook : Sarah Guenin (au grès de Sarah). À 11 km au nord de Grancey. Juil-août, sam et le dim 14h-18h.* Sarah Guenin accueille dans sa boutique-atelier, organise des cours de poterie, des initiations, des démonstrations...

À l'Ouest La Lune *(plan D4)* **:** *rue des Quatre Noyers, Villemervry, 52160* **Vals-des-Tilles.** *06-23-32-24-94. • sophiecreton.wordpress.com • À 7 km au nord de Grancey.* Non seulement Sophie Créton maîtrise parfaitement l'art des émaux, mais en plus elle le partage, organisant des ateliers accessibles à tous. L'artiste exerce son talent à créer des photographies émaillées, des objets et des plaques sérigraphiées.

À voir. À faire

La visite du village recèle quelques bonnes surprises. On est évidemment attiré d'emblée par le ***château du XVIIIe s*** (remplaçant les édifices médiévaux successifs), qui malheureusement ne se visite pas – on aimerait pourtant car sa beauté lui vaut le surnom de « Petit Versailles de Bourgogne » On admire ses imposantes grilles en fer forgé, on distingue le pont-levis et la chapelle (collégiale Saint-Jean, dont une visite guidée est proposée par la mairie l'après-midi *(tlj sauf lundi, en juil et août).* Elle offre de plus une vue d'ensemble du château à l'intérieur des grilles *(☎ 03-80-75-60-30).*

On se rend ensuite sur la ***place centrale,*** dominée par l'imposant bâtiment abritant la *mairie,* l'école et la bibliothèque, et au rez-de-chaussée duquel se trouvent les *halles* construites en 1836 ; au centre de la place, la *fontaine* surmontée d'une statue, réplique d'une *Diane de Gabies* conservée au Louvre. Rue Sainte-Anne, voir la maison du XVIIe s avec son toit de lave et sa tour, et en face l'inévitable lavoir. Les curieux pousseront jusqu'à *l'église Saint-Germain-l'Auxerrois,* à l'écart du village, qui date semble-t-il de 900 environ.

Dans le cadre du programme des Nouveaux Commanditaires permettant la commande publique auprès d'***artistes contemporains,*** des œuvres ont été implantées à partir des années 2000 à Grancey-le-Château. Il n'en reste que 2 actuellement visibles, en attendant la restauration envisagée pour les autres.

– À la bibliothèque municipale, Côme Rolin et Sophia Taillet ont créé un *décor de terrier,* inspiré par l'architecture animale *(visible aux heures d'ouverture de la bibliothèque : mar 16h-18h et sam 10h-12h ; rens : ☎ 03-80-75-60-30).*

– À la sortie du village en direction de Dijon, emprunter la majestueuse allée des Tilleuls pour admirer, caché dans la végétation sur la gauche, le *Pavillon des Oiseaux,* de Patrick Berger, une création architecturale qui invite à réfléchir sur la relation entre l'homme et l'animal.

DANS LES ENVIRONS DE GRANCEY-LE-CHÂTEAU

AUTOUR DE VALS-DES-TILLES

Vals-des-Tilles est l'une des quatre « **portes de Cœur** » du Parc national de forêts. Situé à l'entrée du marais de Chalmessin (*lire ci-dessous*), *l'abri en bois* local de 50 m² permet de comprendre le territoire, son patrimoine naturel et architectural. Engagée dans de nombreuses mesures de conservation, la commune a été désignée « capitale française de la biodiversite » en 2023.

Adresse et infos utiles

Office de tourisme des vallées de la Tille et de l'Ignon : *☎ 03-80-95-24-03. • covati-tourisme.fr • Permanence téléphonique et par mail tte l'année. Ouv mars-oct, mar-sam 9h30-12h30 et 14h-18h. Ouv dim mi juil-mi août 10h-12h.*

– ***Le collectif Retour aux sources :*** des habitants et des agriculteurs se sont mobilisés pour faire vivre et découvrir la région de Vals-des-Tilles, à quelques kilomètres au nord de Grancey-le-Château, constituant un collectif qui fournit de bonnes adresses d'hébergements, d'activités et de lieux à visiter : *Page Facebook : Collectif-retour-aux-sources.*

Où acheter de bons produits ?

Les Escargots du Plateau *(plan E4)* ***:*** *27, Grande-Rue, 52160* **Chalancey.** *06-33-41-32-31. • escargots-du-plateau.com • Accueil sur rdv.* Adeline Blet propose ses escargots cuisinés, en bocaux ou surgelés, prêts à consommer. À découvrir également : ses gougères aux escargots, miam. Par ailleurs, elle propose un ***gîte de groupe,*** d'une capacité de 15 couchages *(à partir de 400 €/nuit).*

Régie rurale du plateau *(plan E4)* ***:*** *4, ancienne gare, 52160* **Vaillant** *☎ 03-25-88-99-72. • regierurale.fr • Lun-ven 8h-16h30.* Une association d'insertion qui exploite 6 ha de potagers et de vergers pour fournir des paniers de légumes bio à petit prix chaque semaine aux adhérents.

À voir. À faire

L'arboretum des Charmettes *(plan D4)* ***:*** *Lamargelle-aux-Bois, 52160* **Vals-des-Tilles.** *06-08-36-95-57. À 7,5 km au Nord de Grancey. Visite gratuite, sur résa.* Pascal Legeard est un botaniste passionné. À l'heure de la retraite, il a entrepris la création d'un arboretum pour montrer la diversité des arbres et des arbustes du Parc national. Un projet un peu fou ! Mais en cinq ans, il a planté pas moins de... 1 000 arbres de 500 espèces différentes, sur un terrain de 5 000 m^2 en bordure du GR 7. Sur place, une ***cabane rustique*** accueille pour la nuit, gratuitement ! Pascal est aussi apiculteur : il se fera un plaisir de vous vendre le miel produit par ses 12 ruches. Et comme c'est un ancien enseignant, il sait expliquer et raconter les choses. Rencontre passionnante assurée.

Le marais de Chalmessin *(plan D4)* ***:*** *• reserve-chalmessin.org • Sentier de découverte de 2 ou 3 km, départ à environ 1 km de Chalmessin sur la route vers Vivey (à 6,5 km au nord de Grancey). Visite guidée possible sur résa auprès du Conservatoire d'espaces naturels de Champagne-Ardenne : ☎ 03-25-88-83-31 • secretariat@cen-champagne-ardenne.org •.* Au premier abord, c'est un vallon forestier comme les autres. Sauf qu'en y regardant de plus près (de beaucoup plus près), on découvre les secrets d'un marais tufeux, avec une flore et une faune montagnardes assez inattendues ici – mais voilà, il fait frisquet dans le vallon, ceci explique cela.

Sorties et sport pleine nature *(plan D4)* ***: So Sport Nature,*** *6, rue de Bourgogne, 52160* **Poinsenot.** *06-61-72-26-30. • so-sportnature.fr • À 7 km au nord de Grancey. Séances de gym en forêt 12 € ; sorties de 8 € (petite rando 2h) à 25 € (rando journée).* Sonia Gouessan, éducatrice sportive, propose des randonnées et des sorties de marche nordique pour découvrir les sources du coin, mais aussi des activités de gym, Pilates, automassage ou stretching dans le décor de la forêt. Une manière originale d'allier l'activité physique et le contact direct avec la nature.

La réserve naturelle régionale de Villemoron *(plan E4)* **:** *sentier de découverte au départ de Villemoron,* ● *reserve-pelouses-villemoron.org* ● *Visites guidées et animation proposées par le conservatoire d'espaces naturels de Champagne-Ardenne, infos : ☎ 03-25-88-83-31.*
C'est une autre rando, pour découvrir la réserve naturelle régionale des pelouses et bois de Villemoron, qui s'étend sur 87 ha. Les pelouses sèches sont habitées par une faune et une flore plutôt méridionales.

SALIVES (21580) 200 hab.

● *Carte Parc national de forêts, D5*

Labélisé « Cité de Caractère », l'adorable village de Salives fut une place forte à l'avant-garde de Dijon, sur un plateau cultivé en grandes parcelles. On visite le vieux village plein de charme. On peut profiter d'une séance de cinéma voire d'un concert à L'Abreuvoir, la salle de spectacles de 220 places créée dans un ancien bâtiment agricole. Et pourquoi pas taper quelques balles au golf tout proche !

Adresse utile

– Plan touristique du village à la **mairie :** *1, rue d'Amont. ☎ 03-80-75-64-09.* ● *salives.com* ● *Lun-mar, jeu et sam sem impaires, 8h30-12h.*

Où dormir ? Où manger ?

Chambres d'hôtes Le Rempart : *rue du Moulin. ☎ 03-80-75-65-28* ● *chambres-hotes.fr/27439* ● *Double 80 € avec petit-déj, 30€ par pers supp. Table d'hôtes sur résa (25€/ pers).* Dans un ancien corps de ferme rénové, à la décoration soignée. La cour avec son ancien lavoir et ses auges fleuris donnent d'emblée le ton. Repas servis dans une superbe salle rustique avec cheminée et sols en pierre autour d'une grande table. C'était autrefois l'étable. Au premier, 5 belles chambres, pour 2 ou 3 pers, avec vue sur jardin ou sur cour, chacune avec un univers différent (ouest américain, printemps, bourguignonne, voyages). Toutes avec des douches et w-c bien agencés. On peut aussi profiter du jardin à l'abri des remparts. Accueil enthousiaste et chaleureux.

La Cabane du verger : *chemin de Champfroid. 📱 06-50-35-03-06.* ● *cabaneduverger.com* ● *Prendre la rue de la Madeleine puis 1re à droite. Ouv de mi-avril à mi-nov. 125 € pour 2 pers la nuit, 20 € par pers supp ; 2de nuit 100 €. Petit déj possible en sus 9 €.* Un hébergement original qui s'élève sur plusieurs niveaux dans la campagne. En bas, douche, lavabo et toilettes tout en tôle, à mi-étage une cuisine ouverte, et au dernier une chambre double pour les parents suivie d'une petite chambre pour les enfants. Mais le must, c'est la grande terrasse où l'on peut manger, équipée d'un bain nordique en plein air avec vue dégagée sur la campagne. Quel calme ! Et tout autour, le grand jardin, ou plutôt l'immense verger avec différents arbres fruitiers, des hamacs et un braséro. Le bonheur est dans le pré, on vous assure !

🍽 🍸 ***Le Comptoir gourmand – la Table de Clotilde :*** *3, rue d'Amont. 📱 06-75-66-46-36. Page Facebook : ComptoirGourmandBourgogne. Buffet midi avec plat du jour 17 €, menus 27-36 €.* Resto (qui fait aussi pub) dans l'ancien presbytère, avec 2 terrasses dans le joli jardin, au pied de la tour, vue sur la campagne. Nombreux habitués donc pensez à réserver ou à venir avant 12h. À l'intérieur, plusieurs salles chaleureuses dont une avec poutres et cheminée. Accueil très sympa et plein de petites attentions pour les femmes dans les toilettes. On vous laisse découvrir. Le genre d'adresse qui met l'eau à la bouche.

🏠 ***La Maison des Maîtres de Forge*** *(plan D5)* ***:*** *2, route d'Is-sur-Tille, 21120* ***Moloy****. À 12 km au sud de Salives. ☎ 06-49-95-44-38. • gitemoloy.fr • Doubles à partir de 115 €/nuit avec petit déj. Également 1 triple (130 €) et une pour 4 pers (135 €).* Dans un magnifique environnement bucolique à souhait en bordure de rivière, un vaste bâtiment du XVIe s en cours de rénovation dans lesquels Angélique et Damien proposent 5 chambres lumineuses toutes différentes, aménagées avec goût et une certaine sobriété mais avec tout le confort (salles de bains et toilettes pour chacune). Il est possible de louer l'ensemble en gîte *(au total 13 pers, 495 €/nuit sans petit dej avec parties communes à disposition au rez-de-chaussée ; linge de lit et de toilettes compris ainsi que le ménage)*. Également un petit ***gîte*** mitoyen avec entrée indépendante mais possibilité de communication avec le grand, au premier étage avec 2 chambres pour 4 pers et cuisine ouverte *(135 €/nuit)*. Enfin, cerise sur le gâteau, une piscine chauffée *(mai-sept)* pour les beaux jours. La belle vie quoi !

À voir. À faire

Balade dans le village : le mieux est de stationner à l'entrée du village et partir à pied. Le ***donjon*** domine Salives du haut de ses 18 m. Avec ses murs épais de 2,80 m, il tient bon depuis le début du XIe s ! Un petit escalier permet de rejoindre le ***lavoir,*** remarquable avec ses 4 arches... C'est là que jaillit la Tille. Surprise, en entrant : l'artiste suisse John Armleder a disposé des cabochons de pierres brillantes subtilement éclairés qui créent une ambiance quasi merveilleuse ; confrontation de la création contemporaine et d'un monument historique. On lève les yeux pour observer l'étrange ***puits fortifié.*** On jette un coup d'œil à l'intéressante ***église Saint-Martin*** du XIe s, remarquable par son architecture et ses sculptures. On observe quelques maisons anciennes, mais on se dirige surtout vers les ***remparts*** du XIIe s, érigés de 13 tours et qui ceinturent le village sur 1,4 km, témoignant de sa situation stratégique à l'époque médiévale. On fait le tour à pied par le sentier des remparts et on marque l'arrêt devant l'imposante ***porte de Montarmet***. En revenant à la voiture, un petit passage par le ***cimetière*** permettra de découvrir la tombe de Jeanne-Sylvanie Arnould-Plessy (1819-1897), qui fut l'une des sociétaires de la Comédie française et une grande amie de George Sand. Elle finit ses jours au château de Val Duc.
Sur les maisons du village, ***circuit héraldique*** présentant les blasons des grandes familles du coin.

Le marais tufeux de Salives : *une grande boucle de 14 km en suivant les panneaux à l'effigie d'un triton alpestre ou sentier découverte de 3 km (compter env 1h). Départ du parking près de la cabane de chasse, direction Moloy.* 200 espèces prospèrent dans cet écosystème rare, dont trois sont protégées.

Montsaugeon

LE MONTSAUGEONNAIS

À la lisière de la Haute-Marne et de la Côte-d'Or, tout au sud du Pays de Langres, le Montsaugeonnais fut un territoire jadis puissant, comme l'attestent les vestiges de villages fortifiés, les nobles demeures et les beaux jardins que l'on admire toujours. Dans ces paysages vallonnés, on produit à nouveau le vin qui contribua à la notoriété de ce terroir. Le Montsaugeonnais constitue aujourd'hui la porte d'entrée sud-est du Parc national de forêts.

Le Montsaugeonnais est le nom de la commune nouvelle, formée en 2016 par la fusion des communes de **Montsaugeon,** de **Prauthoy** et de **Vaux-sous-Aubigny.** Pour simplifier votre route, nous séparons ces ex-communes dans notre descriptif.

MONTSAUGEON (52405) 1 150 hab.

• *Carte Parc national de forêts, F4*

On n'imagine pas, en arrivant à Montsaugeon, que ce fut, au Moyen Âge, une place forte, entre la Bourgogne, la Franche-Comté et le royaume de France, commandant jusqu'à 39 seigneuries et 70 villages. Une place si forte qu'on y rendait la justice, qu'on y tenait foires et marchés, qu'on y stockait le sel, qu'on y produisait du vin... et qu'une forteresse défendait naturellement le lieu. Essayez d'imaginer, en faisant abstraction du calme qui règne ici aujourd'hui : Montsaugeon fut le théâtre de combats sanglants aux XVe et XVIe s ! Mais l'histoire remonte à bien plus loin : certains historiens ont suggéré, vu l'importance des vestiges gallo-romains retrouvés sur le site, que la butte fut le cadre d'une bataille entre les troupes de Vercingétorix et celles de César, juste avant le siège fatidique d'Alésia. De cette grande histoire subsistent des traces, que l'on découvre en flânant dans les ruelles bordées de belles maisons en pierre. Labélisé « Petites Cités de Caractère », perché sur une butte qui se reflète dans un étang tout mignon, Montsaugeon ne manque pas de charme, avec son patrimoine joliment restauré et ses habitants mobilisés pour animer leur commune.

Infos utiles

- ***Guide de visite du village*** à télécharger sur • *bienvenue-hautemarne.fr* •
- ***Service de bus à la demande :*** *au départ de Langres, mer et ven-sam. Info et résa : ☎ 0-800-330-130 (appel gratuit. • linggo.fr •*

Où dormir ?

■ |●| ***Chambres d'hôtes Le Bailli de Montsaugeon :*** *4, rue de l'Église-Notre-Dame. ☎ 03-10-20-62-81. ● lebailli.com ● Nuit 134-154 € pour 2 pers, petit déj compris (réduc de 10 € oct-mai). Table d'hôtes sur résa 24,50 €.* La Comtesse, le Grenetier et le Châtelain : ce sont les noms des trois chambres, toutes situées au 1er étage de la belle maison XVIIe s d'Arnold Blok et René Van Beek, au cœur du village. Plus que des chambres, 2 sont d'ailleurs de véritables suites avec salon. La salle à manger, où est servi le dîner, est elle-même magnifique. Accueil très sympathique. Petit plus : le prêt de VTT pour sillonner le coin.

Où dormir ?
Où manger dans les environs ?

■ |●| ***Hôtel Le Vauxois*** *(plan F4)* ***:*** *6, rue de l'Église,* ***Vaux-sous-Aubigny,*** *52190 Le Montsaugeonnais. ☎ 03-25-84-36-74. ● levauxois.fr ● Double 85 € (115 € pour 4 pers). Petit déj 10 €.* Neuf chambres, rénovées en 2019, dans ce petit établissement installé dans une maison historique sur la vaste place devant l'église. À deux pas, le restaurant de l'hôtel, ***Aux Trois Provinces*** *(14, rue de Verdun ; résa ☎ 03-25-88-31-98 ; menus à 32-48 €),* dont l'entrée se cache sous une ample glycine. Le chef, André Jacoulot, concocte une belle cuisine, proposant par exemple raviolis d'escargots, filet de bœuf et profiteroles revisitées à la fraise.

■ ***Gîte Aux Dormeurs du Val*** *(plan E4)* ***:*** *2, rue Claudot, 52190* ***Esnoms-au-Val.*** *📱 06-85-64-67-40. ● auxdormeursduval.fr ● À 9 km à l'ouest de Montsaugeon. 1 chambre dans le petit gîte 80 €/nuit ; grand gîte 800 € pour 1 w-e ; sinon petit gîte ou grand gîte 480 €-1 500 €/sem.* Grande maison en pierres de taille de 7 chambres au total pouvant accueillir jusqu'à 15 personnes. Le grand gîte est divisible en petit gîte. Petit plus : garage proposé aux motards.

■ ***La Combe Rossignol*** *(plan E4)* ***:*** *étang des Vernes, route de Boussenois, route de Boussenois, 21260* ***Vernois-lès-Vesvres.*** *☎ 03-80-95-71-23. ● lacomberossignol.com ● À 18 km à l'ouest de Montsaugeon. 110-220 €/nuit selon le type de logement choisi, petit déj inclus.* On est à la limite du Parc national, mais l'adresse mérite d'être regardée de près, avec son offre d'hébergements insolites. Préférerez-vous le dôme perché, la cabane flottante, la cabane féérique ou la *tiny house* ? Avec option bain nordique ou spa ? Sans réseau, ni wifi, c'est la garantie d'un séjour déconnecté !

|●| ***Aux Badineurs*** *(plan F4)* ***:*** *15, av. de Bourgogne,* ***Vaux-sous-Aubigny,*** *52190 Le Montsaugeonnais. ☎ 03-25-84-56-60. Page Facebook : Aux Badineurs. Menu midi 15,50 €, grandes salades 11,50 €, plats env 15 €.* Le Badin, la rivière qui coule dans le village, a donné son nom à un établissement sans chichis, où Anthony, qui a repris l'adresse en 2022, accueille avec le sourire autour du comptoir ou dans la petite salle de restaurant. Bons petits plats pour une note légère.

■ |●| ***Chez Odette:*** *2, rue Basse, 52190* ***Esnoms-au-Val.*** *☎ 03-25-30-39-08. Location sur ● gites-de-France-hautemarne.com ● Double 90 €.* Dans une belle maison, deux chambres confortables dans des tons doux avec murs de pierres, bois et rotin et chacune sa salle de bains. C'est calme et cosy. Table d'hôtes sur résa *(25 €).*

Où boire un verre ?

🍷 ***La Tour des Villains :*** *3, rue de la Villain.* 📱 *06-33-35-91-32. • montsaugeon.fr • ou page Facebook : tourdesvillains. Taverne mer-dim 12h-0h30 (mer 12h-20h45, dim 8h30-18h).* C'est « the place to be » à Montsaugeon ! Une taverne d'abord, où bières, vins, jus de fruits et planches apéritives sont issus du coin ; bouquins et jeux à disposition. C'est aussi une épicerie locavore, pour acheter lesdits bons produits entre autres. Et en fait, c'est plus globalement un tiers-lieu qui redonne vie au village, à travers des animations et des spectacles, des résidences, des stages... Le programme est intense pendant la haute-saison. On aime en particulier : les ***visites historiques de Montsaugeon*** *(sam-dim à 14h30 ; résa obligatoire),* guidées par Barthélémy, le dernier seigneur du village.

🍷 ***La brasserie Lingone*** *(plan E4)* ***:*** *Lieu-dit Lavau, 52190* ***Rivière-les-Fosses.*** *☎ 03-25-86-29-74. • terre-lingone.fr • À 7 km à l'ouest de Montsaugeon. Lun et ven 9h-12h, 14h-19h pour déguster et acheter ; sur rdv pour visiter.* C'est la bière qui fait la fierté du Montsaugeonnais. Elle porte le nom du peuple ancestral qui habita l'actuelle région de Langres. La brasserie, inaugurée en septembre 2022, produit une blanche, deux blondes, une brune et une ambrée. Bon à savoir : une puce se cache derrière l'étiquette de votre bouteille, vous permettant de découvrir l'aventure Lingone sur votre smartphone. Pour boire un coup, profitez du bar installé dans un beau décor indus' ou de la terrasse donnant sur le vallon, c'est vraiment beau.

🍷 ***La Cabane des Secrets du Terroir*** *(plan E4)* ***:*** *pl. de la Mairie, 52190* ***Esnoms-au-Val.*** *• lacabanedessecrets.fr • À 9 km à l'ouest de Montsaugeon.* Arrangez-vous pour passer, les jours d'été où il s'y passe quelque chose, dans cette cabane voulue par les habitants pour accueillir marchés, soirées conviviales, expositions, animations autour du four à pain...

Où acheter de bons produits à Montsaugeon et ses environs ?

🧺 ***La ferme de Montsaugeon :*** *chemin des Paquis.* 📱 *06-64-10-28-03. Page Facebook : Valerie-alaferme-de-Montsaugeon. Mer, jeu-ven 11h-12h ou sur rdv.* Au cœur même du village, Valérie De Beukelaer accueille dans sa ferme, proposant confitures, miel, charcuterie, fromages, produits « par elle ou des collègues ». Tous les samedis matin, marché de productrices, dans la cour.

🧺 ***La fromagerie Germain*** *(plan F4)* ***:*** *ZAE Champ-Miolin,* ***Vaux-sous-Aubigny****, 52405 Le Montsaugeonnais. ☎ 03-25-84-89-50. • fromageriegermain.com • Lun 14h-18h, mar-ven 9h-12h30, 14h-18h, sam 9h-12h30,14h-17h.* On entre par une vaste boutique qui fleure bon les fromages de la région (langres et époisses) mais qui propose aussi une large sélection de produits régionaux. À déguster au bar à fromages. On découvre, grâce à l'exposition dans le jardin et à un film, l'histoire de l'entreprise qui appartient aujourd'hui au groupe Rians. Possibilité de jeter un coup d'œil à la production, derrière des vitres.

🍇 🧺 ***Le Muid Montsaugeonnais*** *(plan F4)* ***:*** *23, av. de Bourgogne,* ***Vaux-sous-Aubigny****, 52405 Le Montsaugeonnais. ☎ 03-25-90-04-65 ou* 📱 *06-70-55-02-86. • muidmontsaugeonnais.fr • Mar-sam 9h-12h, 14h-18h (en hiver : mer 9h-12h, ven 14h-18h, sam 9h-12h, 14h-18h). Bouteilles : 7,50-17 €.* Montsaugeon est le fief d'un vignoble planté en pinot noir et en chardonnay, exactement comme les voisins bourguignons (voir p. 39). 15 ha sont plantés autour de Vaux-sous-Aubigny, et le résultat vaut vraiment la dégustation. Ici chez le propriétaire, dégustation et vente mais aussi visite possible de la cuverie (sur rendez-vous).

Les Vergers de Jean-Pierre *(plan E4) : 8, rue Jarry, 52190* ***Esnoms-au-Val****. 06-70-65-35-06. Page Facebook : gaec-des-vergers-de-jean-pierre. À 9km à l'ouest de Montsaugeon. Accueil sur rdv.* Sandy et son fils Alexandre ont repris l'exploitation et ses 1 000 arbres, dont la production finit en jus, en nectars, en cidre et même désormais en boissons apéritives.

Multiferm *(plan E4) : 20, rue Braillot, 52190* ***Le Val-d'Esnoms****. ☎ 03-25-87-62-25. • multifermduval.fr •. À 9 km au nord-ouest de Montsaugeon. Jeu-ven 9h30-12h, 15h-19h (18h en hiver), sam 9h30-12h30.* Depuis 2006, un groupement de paysans du Val-d'Esnoms propose ses produits en vente directe (magasin de vente également à Asnières-lès-Dijon). Une bonne adresse pour acheter viandes, légumes, boissons, fruits, charcuterie, fromages...

Le Rucher des Sources *(plan E3) : 1, rue de la Vingeanne, 52250* ***Aprey****. 06-37-14-54-11. • lapicultrice.maisondecourcelles.fr • À 16 km au nord de Montsaugeon. Accueil sur rdv.* Cécile Chanal-Raffier et Fabien Peter ont installé leurs quatre premières ruches en 2012 et, depuis, piqués par l'apiculture, ils ne cessent de développer leur activité, « 100 % bio et à 100 % en phase avec la nature ». Ils vendent en direct leur miel et ses produits dérivés (bonbons, bougies, nougats...). Insolite : ils vous forment à l'apiculture, même et surtout si vous n'y connaissez rien, et vous invitent à adopter une ruche chez vous !

À voir. À faire

Balade à pied dans le village : *(compter 1,7 km, 1h sans se presser).* Elle vous permettra de découvrir les vestiges de la forteresse rasée en 1595. Il subsiste l'imposante ***porterie médiévale***, construite à la fin du XVᵉ s. Pour le reste, vous trouverez la trace des ***remparts*** et, en gravissant la butte, ferez preuve d'imagination. De l'ancienne ***église Notre-Dame***, entourée de son cimetière, on admire un portail du XIIIᵉ s et un maître-autel du XVIIᵉ s. Les ***halles***, d'une dimension spectaculaire pour la taille du village, ont été soigneusement rénovées, révélant la puissance passée de Montsaugeon. Juste en face des halles, producteur de miel – tentez votre chance, c'est peut-être ouvert ! Enfin, avant de descendre vers le ***grand étang,*** on lèvera les yeux vers les ***belles maisons bourgeoises*** que se firent construire des notables de Langres et surtout le ***château épiscopal*** (avec son beau parc, *ne se visite pas*), qui logea l'évêque de Langres au XVIIIᵉ s.

Le Jardin d'Isabeau : *06-07-23-51-30. Avr-début sept, mer et ven à 10h, 11h, 14h, 15h, 16h, 17h (1h de visite). 5 € ; gratuit moins de 12 ans. Sur rdv, visite individuelle 10 €. De juin à mi-sept, animation « Les rendez-vous d'Isabeau », sam et dim à 9h30, 11h, 15h, 16h30 et 18h. 8 € ; gratuit moins de 12 ans.*
Dominique Couhard vous accueille pour vous faire découvrir les plantes aromatiques et médicinales que l'on cultivait au Moyen Âge. Diplômée en phytothérapie et en aromathérapie, elle a reconstitué, juste à côté de la Tour des Villains (voir la rubrique « Où boire un verre ? »), un vrai jardin d'autrefois, qu'elle commente vêtue comme à l'époque d'Isabeau.

DANS LES ENVIRONS DE MONTSAUGEON

Les gorges de la Vingeanne *(plan E3/4) : sentier balisé au départ d'Aujeurres, à 16 km au nord-ouest de Montsaugeon ; carte téléchargeable sur • bienvenue-hautemarne.fr •* Une jolie balade en forêt, jusqu'à la source de la rivière, sur les traces d'une mystérieuse Jeanne qui aurait eu pour habitude de venir ici avec son seigneur d'époux – « *ici vint Jeanne* », dit la légende ! En chemin, un ***dolmen*** (à Villiers-lès-Aprey), une ***fontaine monstrueuse*** à Aujeurres, et beaucoup d'ail des ours. Rien de difficile, mais le parcours complet s'étire tout de même sur 17 km.

Le Moulin de Baissey *(plan E4)* ***:*** *dans un petit village, non loin des gorges ci-dessus.*
Les premières mentions du moulin de Baissey remontent au XIIIe s... Restauré depuis les années 1980, il est aujourd'hui l'un des derniers moulins traditionnels de la région.
La rénovation du site a permis de mettre en avant l'importance de ce moulin. Imaginez, un bief creusé à flanc de coteaux qui amène l'eau sur 1,2 km au moulin avec, au final, une chute d'eau de 7 m pour entraîner les mécanismes... Ainsi le moulin s'anime au rythme de l'eau entraînant la roue hydraulique qui actionne ses meules...
Le moulin a évolué au cours des siècles ; les bâtiments et les mécanismes actuels sont du XIXe. Il a conservé ses meules, ses bluteries, ses cribles et une petite usine électrique de 1914 qui fut la première électrification du village.

LANGRES (52200) 7 590 hab.

• *Carte Parc national de forêts, F3*

On dit que Langres était peuplée d'un tiers de militaires – l'entrée monumentale de la ville garde la trace de leur présence –, d'un tiers de religieux – la ville fut jadis un puissant évêché – et d'un tiers de civils. Cette ville perchée peut s'enorgueillir d'avoir conservé intact le plus long linéaire de remparts d'Europe. Une cité au patrimoine remarquable, une étape à marquer aux portes du Parc national.

UN PEU D'HISTOIRE

À l'origine, un éperon rocheux qui domine la plaine, petite capitale des Lingons une peuplade gauloise puis base arrière des Romains qui l'érigent en place forte. Dès le IIIe s, Langres est dotée de remparts. Au XIIe s, les évêques y exercent un pouvoir important et la ville devient une puissante place forte royale chargée de monter la garde à la frontière de régions qui ne font pas encore partie du royaume. À la Renaissance, le cardinal de Givry, grand mécène, embellit Langres et renforce ses défenses. Mais aucun combat ne viendra perturber la forteresse si dissuasive. La création du diocèse de Dijon en 1731 précipite le déclin de la ville même si les évêques continuent à couvrir la ville de couvents, chapelles et d'églises. Au XIXe s, la France se sent menacée par la Prusse, on complète alors le système défensif de la ville avec des forts qui une fois de plus ne serviront pas. Ce n'est que dans les années 1950 que la ville se développe avec la création de quartiers à l'extérieur des remparts. Aujourd'hui Langres est classée ***ville d'Art et d'Histoire.***

Adresse et infos utiles

– ***Office de tourisme du Pays de Langres :*** *pl. Bel'Air, square Olivier-Lahalle.* ☎ *03-25-87-67-67.* • *bienvenue-hautemarne.fr* •

juil-août tlj 9h30-12h, 13h30-18h (10h-12h15, 13h45-18h dim et j. fériés). Horaires restreints le reste de l'année. Audioguide, visites guidées, location de rosalies.
– ***Marché :*** *ven mat.*
– ***Gare de Langres*** : *en sem, 6 trains/j. pour Dijon (environ 1h), 10 pour Paris (environ 2h45).* Liaisons train ou autocar vers Reims, Troyes, Vesoul, Mulhouse...
– ***Transports en commun du Pays de Langres :*** • *linggo.fr* •

Où dormir ? Où manger à Langres et dans les environs ?

Camping Navarre : *9, bd Maréchal De Lattre-de-Tassigny. ☎ 03-25-87-37-92. • camping.navarre@gmail.com • Forfaits 16,50-19,80 €, emplacement 5,80-7,30 €.* Un camping en pleine ville historique offrant 66 emplacements, dont certains avec une vue sur la vallée de la Bonnelle.

Le Belvédère : *33, rue Lombard. ☎ 03-25-87-09-71. • lebelvederedesremparts.com • Doubles 80-120 €, petit déj inclus.* 5 chambres d'hôtes joliment décorées dans une maison de maître du XIXe s, juchée sur les remparts avec vue dégagée depuis la piscine.

Le Champ des Sources : *890, impasse de la Faiencerie. ☎ 03-25-30-39-08 et 06-79-49-45-48. Double 90 €. Petit déj, plateau repas (15 €) et table d'hôtes (21 €) sous le signe du local et du bio.* Dans une maison rénovée en belles pierres, avec vue sur Langres et ses remparts, 2 belles suites familiales, confortables et chaleureuses; l'une décorée sur le thème de la forêt et l'autre sur le thème de la faune. Sandra, votre hôtesse, propose, sur résa, toute une gamme de massages et de soins pour se faire du bien à des prix raisonnables. On peut prendre ses repas dans le jardin ou sur la terrasse et se détendre aussi dans l'agréable salon et la bibliothèque.

Le Nancery : *160, chemin du Séminaire, Ferme du Séminaire. ☎ 03-25-30-39-08. À 5 mn en voiture au sud-ouest de Langres.* Au 1er étage d'un ancien presbytère, dans un grand parc arboré, un gîte-appartement pour 2 personnes avec cuisine et coin repas en mezzanine. Déco sobre et moderne. Très bien équipé. Vue sur le beau jardin avec Langres en toile de fond.

Le Dépôt Gourmand : *3, rue Diderot. ☎ 09-73-89-49-48. Mar-sam 10h-18h. Snack à partir de 4,50 €, formule du jour 9,50-13 €.* Bel accueil dans une épicerie qui ne vend que de bonnes spécialités venues de toute la France. Quelques tables permettent de déguster sandwiches, petites salades et plat du jour, tout fait maison.

Le Goût des Autres : *8, rue Chambrulard. ☎ 03-25-84-90-72. • legout-desautres.fr • Lun-ven 8h30-17h30. Formules 13-17 € (ou moins ou plus, selon ses moyens).* Dans un ancien monastère, une auberge qui propose des produits locaux et de saison, cuisinés par un atelier-chantier d'insertion. C'est aussi une « université populaire » qui propose rencontres et débats.

Le Cheval Blanc - Restaurant Diderot : *4, rue de l'Estres. ☎ 03-25-87-07-00. • hotel-langres.com • Doubles 80-170 €. Restaurant, tlj sauf mer midi. Fermé en nov. Formule déj 24 €, menus 38-51 €. Doubles 80-145€.* Une institution à Langres, logée dans une ancienne abbaye, qui a changé de propriétaire en avril 2023. Intérieur soigné et belle cuisine signée du chef Gaëtan Sevrette que l'on pourra déguster sur une agréable terrasse en été. Chambres sobres et élégantes dans des murs historiques et dans une annexe.

Le Moulin de Brennes *(plan F3) : D 291, route de Longeau, 52200* ***Brennes.*** *À 10 km au sud de*

Langres. 📱 *06-77-18-09-23. Jeu-dim 15h-20h.* Un café Belle Époque, ambiance 1900, pour boire un verre, profiter des jeux, écouter un concert...

Où acheter de bons produits ?

Made in Pays de Langres : *13, pl. Diderot.* ☎ *03-25-88-00-00.* • *madeinpaysdelangres.fr* • *Mar-sam 10h-19h.* Une centaine de producteurs et artisans du territoire vendent ici leurs produits. En saison, ***marché*** du *Made in Pays de Langres (pl. Diderot, juin-sept mer 17h-20h).*

© LENAIN Hervé / hemis.fr

Langres

Cathédrale Saint-Mammès

À voir

Le tour des remparts. *Accès libre.* Il faut parcourir à pied les 3,5 km de remparts intacts qui enserrent la ville, admirer les *tours* – la plus belle est celle de Navarre *(entrée payante)* – et remarquer le petit train qui descendait au pied des hauts murs jusqu'en 1971. Puis se perdre dans les rues de la ville et repérer les plus beaux hôtels particuliers.

La cathédrale Saint-Mammès. *Tlj 8h-19h (18h nov-avr).* Imposant édifice (c'était le siège de l'évêque), qui marque la transition entre le roman et le gothique, construit fin XIe s. Tranchant avec le style intérieur, la façade a été reconstruite au XVIIIe s, dans un goût néoclassique, après une série d'incendies qui avaient fragilisé la façade romane initiale – elle menaçait de s'effondrer, à tel point qu'on s'abstenait de faire sonner les cloches !

Le musée des Lumières Denis-Diderot : *1, pl. Pierre-Burelle. ☎ 03-25-86-86-40. • musees-langres.fr • Mar-dim : d'avr à mi-oct 9h-12h, 13h30-18h30 ; de mi-oct à mars 13h30-17h30. 7 € ; réduc ; gratuit moins de 12 ans ; billet valable pour les 2 musées de Langres. Entrées gratuites dans les 2 musées le 1er dim du mois.* Dans un hôtel particulier remarquablement restauré, une exposition pour comprendre qui fut

DIDEROT, L'ENFANT DU PAYS

Né ici le 5 octobre 1713 (et mort à Paris le 31 juillet 1784), Denis Diderot fait la fierté des Langrois. Et pour cause, même s'il quitta Langres pour faire ses études à Paris en 1728 pour ne plus guère y revenir, il fut l'un des plus illustres penseurs du siècle des Lumières, et le père d'une ambitieuse démarche de compilation de toutes les connaissances de l'époque, l'Encyclopédie – un Google version papier !

Denis Diderot, natif de Langres, ce que fut son œuvre encyclopédique et le mouvement des Lumières dans lequel elle s'inscrit.

Le musée d'Art et d'Histoire : *pl. du Centenaire. Tlj sauf mar aux mêmes horaires.* Il présente une collection d'art et d'archéologie. La ***belle chapelle Saint-Didier*** est intégrée au parcours de visite.

À faire dans les environs

Le lac de la Liez *(plan F3)* **:** *à 4 km à l'est de la Langres.* Des quatre lacs de la région langroise, celui-ci est le plus proche de la ville, et le plus grand. Depuis ses rives, la ville fortifiée est bien visible. Baignade et activités nautiques en saison. Restauration sur place. On peut en faire le tour (16 km) en 4h.

Les jardins de Cohons *(plan F3)* **:** *à 8 km au sud de Langres, à* ***Cohons*** *(52600).* On a suivi la recommandation de Voltaire invitant, dans *Candide*, à « cultiver son jardin ». Mais ce sont les familles fortunées de la ville citadelle, dont celle d'un autre philosophe, le Langrois Diderot, qui, venant ici en villégiature, créèrent à Cohons deux « Jardins remarquables ».

– ***Le jardin de Silière :*** *5, rue du Varinot. 06-10-74-10-70. • siliere.fr • Tlj juil-sept à 11h, 15h, 16h30 et 18h. 7 € (visite guidée) ; billet couplé pour les 2 jardins 12 € (7 € pour les moins de 12 ans). Hors saison, sur rdv.* Ce jardin a été dessiné à l'origine, en 1661, par André Le Nôtre, le jardinier de Louis XIV et créateur des jardins de Versailles, s'il-vous-plaît. Mixant depuis le XIXe s les styles français et anglais, il s'étend sur 3 ha ceints de murs en pierres sèches.

– ***Les Jardins suspendus :*** *route de Bourg. 06-86-80-35-99. • jardin-remarquable.fr • Juil-août, mar-dim 10h30-19h ; avril-juin et sept-oct, mer-dim 14h30-18h30. Visites guidées avr-oct, sam-dim à 14h30 et 16h30. Visite libre 5 €, visite guidée 7 €.* Il est possible d'accéder librement et gratuitement aux « escargots » toute l'année. Ils ont, eux, été aménagés plutôt au XIXe s. Sur 16 ha, ils renferment notamment 3 constructions spectaculaires et uniques en France par leur dimension : des « escargots de pierre », belvédères en forme de gastéropode.

LE MONTSAUGEONNAIS

© LENAIN Hervé / hemis.fr

Le grand escargot

Randonnée sur le GR 7

INDEX

Cerf dans la forêt

Remarque importante aux hôteliers et restaurateurs

Les enquêteurs du *Routard* travaillent dans le plus strict anonymat. Aucune réduction, aucun avantage quelconque, aucune rétribution n'est jamais demandé en contrepartie. Face aux aigrefins, la loi autorise les hôteliers et restaurateurs à porter plainte.

Avis aux lecteurs

Le Routard, ce n'est pas comme le bon vin, il vieillit mal. On ne veut pas pousser à la consommation, mais évitez de partir avec une édition ancienne. Les modifications sont souvent importantes.

Les réductions accordées à nos lecteurs ne sont jamais demandées par nos rédacteurs afin de préserver leur indépendance. Les hôteliers et restaurateurs sont sollicités par une société de mailing, totalement indépendante de la rédaction, qui reste donc libre de ses choix. De même pour les autocollants et plaques émaillées.

Avec routard.com, choisissez, organisez, réservez et partagez vos voyages !

✓ Rejoignez la plus grande communauté francophone de voyageurs : **plusieurs millions d'internautes.**

✓ Échangez avec les routarnautes : forums, photos, avis d'hôtels.

✓ Retrouvez aussi toutes les informations actualisées pour choisir et préparer vos voyages : près de 300 guides destinations, une centaine de dossiers pratiques et un magazine en ligne pour découvrir tous les secrets de votre destination.

✓ Enfin, comparez les offres pour organiser et réserver votre voyage au meilleur prix.

Les **Routards** *parlent aux* **Routards**

Vous rentrez de voyage et souhaitez partager vos expériences, vos découvertes et vos coups de coeur ? Nous sommes curieux de vous lire ! Vos tuyaux et nouvelles adresses seront testés par nos enquêteurs lors des voyages de réactualisation et contribueront à la mise à jour du prochain Routard. Pour vous remercier, on adresse un exemplaire gratuit de la prochaine édition à ceux qui nous envoient les meilleurs courriers pour la qualité et la pertinence des informations.

Quelques conseils cependant :

– Envoyez-nous votre courrier le plus tôt possible à votre retour de voyage afin d'avoir une chance d'insérer vos bons plans sur l'édition suivante.

– Vérifiez que vos remarques concernent l'édition en cours et notez les pages du guide concernées pour vos observations.

– Quand vous recommandez de nouveaux hôtels ou des restaurants, pensez à signaler leur adresse précise, ou l'accès. Si vous le pouvez, joignez la carte de visite de l'hôtel ou du resto décrit.

– Enfin, n'oubliez pas de préciser l'ouvrage que vous désirez recevoir, ainsi que votre adresse postale.

Merci à tous pour vos nombreux mails et lettres..

122, rue du Moulin-des-Prés, 75013 Paris

• *guide@routard.com* • *routard.com* •

Routard Assurance *2024*

Enrichie au fil des années par les retours des lecteurs, Routard Assurance reste l'assurance voyage référence des globe-trotters. Tout y est inclus, même la Covid : frais médicaux, assistance rapatriement, bagages, responsabilité civile... Avant votre départ, contactez AVI pour un conseil personnalisé. À la recherche d'une attestation Covid ? Vous la recevrez automatiquement après chaque souscription. Besoin d'un avis médical, d'une prise en charge dans un hôpital ? Le plateau d'Assistance AVI dispose d'un vaste réseau médical à travers le monde disponible 24h/24 pour une réponse en temps réel. De simples frais de santé en voyage ? Téléchargez vos factures depuis l'espace assuré AVI, ils vous remboursent sous une semaine. *Le Colisée Gardens, 10, av. de l'Arche, CS 70126, 92419 Courbevoie Cedex.* ☎ *01-44-63-51-00.* • *avi-international.com* • Ⓜ *La Défense.*

Édité par Hachette Livre (58, rue Jean-Bleuzen, CS 70007, 92178 Vanves Cedex, France)
Photocomposé par Luminess SAS (561, rue Saint-Léonard – CS 40003 – 53101 Mayenne Cedex, France)
Imprimé par FINIDR (ING, JAROSLAV DRAHOS, LIPOVA 1965, 73701 CESKY TESIN, REPUBLIQUE. TCHEQUE)
Achevé d'imprimer : mars 2024
Collection n° 27 - Édition n° 01
85/5009/3
I.S.B.N. 978-2-01-788792-8
Dépôt légal : mars 2024

PAPIER CERTIFIÉ